Bye-bye Brasilien

Mein Leben als Schriftstellerin in Europa

Chris Gomes

cgfernandes

cgfernandes
Indie. Writing. Publishing

cgfernandes

IMPRESSUM

2023

Pestalozzistraße 11, 91052, Erlangen, Deutschland

Covergestaltung: Claudia Aschinger
Lektorat/Korrektur: Sibylle Schütz

www.cgfernandes.com

Inhalt

Vorbemerkung der Autorin

Liebe Leserin, lieber Leser,

am Ende dieses Buches werden Sie sich fragen, ob die Ereignisse, die ich hier schildere, wirklich passiert sind. Um es klarzustellen: Ich bin Schriftstellerin und es ist meine Aufgabe, Geschichten zu erfinden. Außerdem ist, wie Roland Barthes sagte, »jede Autobiographie [ist] fiktiv und jede Fiktion [ist] autobiographisch.«

Aber um Ihre Neugier teilweise zu befriedigen, bestätige ich Ihnen, dass einige Ereignisse wirklich geschahen, auch wenn sie mir nicht selbst widerfahren sind. Andere sind mir wirklich höchstpersönlich passiert und manche sind Produkte meiner blühenden Fantasie.

Ich möchte mich bei den wunderbaren Frauen der brasilianischen Frauen-Facebook-Gruppe bedanken, von denen viele ihrer lustigen und peinlichen Momente mit mir geteilt haben. Und da ich dabei bin mich zu bedanken, nutze ich die Gelegenheit, um zu erwähnen, wie mein Mann mich auf meinem Weg, meine Bücher unabhängig zu schreiben und zu veröffentlichen, bedingungslos unterstützt. Er – der nicht Nildo heißt – ist mein scharfer Kritiker, mein geschickter Lektor und mein unermüdlicher Mutmacher. Ich danke auch meinen Testleserinnen und der Lektorin dieses Buches Sibylle Schütz.

Ich bedanke mich ebenfalls bei der Wiener Schreibgruppe unter der Leitung von Eva Schmidt. Zwei meiner damals entstandenen Texte, die 2011 in der Anthologie ›Weg-Kreuzungen‹ der Edition Volkshochschule veröffentlicht wurden, sind hier leicht geändert abgedruckt: ›Mahlzeit Indianer‹ und ›Die Frau mit den Zuckerwatte-Haaren‹. Diese anfängliche Ermutigung, als ich in Europa ankam, war sehr wichtig für die Entwicklung meiner Schreibkarriere.

Und schließlich bedanke ich mich bei meinen Leser*innen. Ihr seid großartig! Vielen Dank für die Unterstützung.

Viel Spaß beim Lesen,
Chris Gomes

Hallo Deutschland

Flughafen

Als wir am Flughafen in Frankfurt ankamen, waren meine Augen noch rot. Es waren schon elf Stunden vergangen und meine Augen waren von den vielen Tränen, die ich beim Abschied vergossen hatte, noch geschwollen. Vor meinem inneren Auge sah ich noch die Gesichter meiner Eltern und meiner Freundinnen und Freunde, die sich in Rio de Janeiro von mir verabschiedet hatten. Ich hatte das Gefühl ein Loch im Herz zu haben, aber zu meinem Mann Nildo sagte ich nichts, weil mir auf Deutsch die richtigen Worte fehlten. Nildo ist Deutscher, aber er ist in Wien geboren. Ein deutscher Wiener, der kaum Portugiesisch spricht und deswegen hatten wir, als wir uns kennenlernten auf Englisch miteinander geredet. Ich hatte zwar in Brasilien für ein Jahr einen Deutschkurs besucht, aber trotzdem hatte ich immer noch Schwierigkeiten mit der deutschen Sprache. Ich drückte mich wie die Audioaufzeichnung aus einem Sprachlehrbuch aus – »Mir geht es gut. Und Ihnen?«

Am Flughafen in Frankfurt hätte ich mich ohne Nildo verlaufen. Dieses Labyrinth aus Gängen, Sicherheitskontrollen, Rolltreppen, Förderbändern, riesigen Koffern und Menschen in seltsamer Kleidung, die seltsame Sprachen sprechen – war ich zufällig auf einer *Star Trek Convention* gelandet?

Nachdem wir die Sicherheitskontrolle passiert hatten, begaben wir uns schließlich in den Bereich der Fluggesellschaft, bei der wir den Flug nach Nürnberg gebucht hatten.

Als ich dasaß und auf die Maschine wartete, fragte ich mich, ob ich das Richtige tat. Nildo erklärte mir, dass wir in Nürnberg ein Taxi nach Erlangen nehmen würden. Ich kannte Erlangen schon von Besuchen. Ab jetzt würde es mein Zuhause sein. War ich bereit dafür? Mit zwei Koffern und den Sprachkenntnissen einer Dreijährigen?

Ich erschrak, als ich mich umdrehte und ein grauenvolles Bild vor mir sah. Ich dachte, es sei eine Figur aus einem japanischen Horrorfilm. Rote und geschwollene Augen, dunkles Haar, das zu Berge stand. Ich brauchte eine Minute, um mich von dem Schock zu erholen, als ich feststellte, dass es sich nicht um ein primitives Monster handelte, das archaische Ängste hervorrief, sondern um mein eigenes Bild, das sich in einem großen Spiegel des Wartebereichs spiegelte. Ich ging auf die Toilette, um mein Aussehen zu begutachten. Ich hatte mein lockiges Haar für die Reise geglättet, aber die Feuchtigkeit hatte meine Bemühung zunichte gemacht. Ich könnte mir die Haare nass machen und sie zusammenbinden, aber das würde wahrscheinlich zu lange dauern. Ich betrachtete mich im Toilettenspiegel – wenn meine Mutter mich sehen würde, würde sie sagen, dass sie mich nicht kenne. Ich beschloss, nichts zu unternehmen. In Deutschland kannte mich niemand. Ich müsste nur Selfies vermeiden, dann wäre alles in Ordnung. Alles, was ich wollte, war, endlich in meinem neuen Zuhause anzukommen und unter die Dusche zu gehen.

Der Flug von Frankfurt nach Nürnberg verlief reibungslos, und ohne Essen. Uns wurde nur eine kleine Flasche Mineralwasser angeboten. Es dauerte eine Weile, bis das Gepäck auf dem Förderband erschien, und dann konnten wir durch den Korridor *Nothing to declare* gehen.

Nildo sah mich lächelnd an und deutete nach vorne: Eine Gruppe seiner Freundinnen und Freunde wartete auf uns in der Halle des Nürnberger Flughafens mit bunten Luftballons, Blumen und Handys, die auf uns gerichtet waren. Ich starrte sie beschämt an. Das Gesicht dieser Horrorfilmfigur würde sich für immer in das Gedächtnis von Nildos Freund*innen und deren Smartphones einbrennen.

Erlangen

Nildos Wohnung befand sich in zentraler Lage, sie war schön groß und ich hatte genügend Platz für meine Sachen.

Ich begann, meinen Koffer auszupacken. Ich packte meine Bikinisammlung aus dem Koffer, und als ich spürte, wie die Kälte meine Beine hinaufkroch, fragte ich mich, wann ich in diesem neuen Lebensabschnitt die Gelegenheit haben würde, meine verschiedenen Bikinis anzuziehen. Ich zog Socken an, und holte meine Flipflops aus dem Koffer — würde ich überhaupt Gelegenheit finden, sie zu tragen?

Wir aus Rio de Janeiro sind sehr stolz auf unsere Flipflop-Sammlung. Denn in Rio tragen wir überall Flipflops. Am Strand? Blaue Flipflops mit der brasilianischen Flagge darauf. Ein Film am Nachmittag? Grüne Flipflops. Nachts ausgehen? Die schwarzen mit geflochtenen Zehenriemen — sehr trendig.

Nachdem ich meine Flipflops in den Kleiderschrank gestellt hatte, fand ich eine Sammlung des Magazins ›Der Spiegel‹.

»Nildo, was machen diese Zeitschriften hier?«

»Ich kann mich von ihnen nicht trennen.«

Ich hatte nichts gegen die Magazine. Ich setzte mich auf den Boden, betrachtete die Bilder und versuchte die Geschichten dahinter zu entdecken. Als Schriftstellerin sind mir Geschichten sehr wichtig und die Tatsache, dass mir die Sprache fremd war, bedeutete eine ganz neue Erfahrung. Ich hatte ein bisschen Angst. Die fremde Sprache war wie eine Mauer und ich befürchtete, sie würde mich von diesem mir noch unbekanntem neuen Land ausschließen. Wie sollte ich mit ihr umgehen? Versuchen über sie drüber zu klettern? Sie zu durchbrechen? Egal für welche Vorgehensweise ich mich entschied, es würde nicht einfach sein. Ich wusste, dass Energie und Mut dafür erforderlich waren, aber in diesem Moment fühlte ich mich einfach ausgelaugt.

Es war Frühling und die Tage waren wunderschön. Ich fühlte mich ein wenig wie im Urlaub und die Stadt ...

Erlangen ... ruhig und ordentlich und sauber. Es gab nur ein kleines Problem für mich: Es war zu sauber, zu ordentlich und zu ruhig. Ich hatte in Rio gelebt. Ich vermisste die Masse an Menschen, die schlechte Luft und den Lärm. Autos, Menschen, laute Musik, weinende Kinder, Schüsse. Das pure Leben. In Erlangen konnte ich sogar meine Gedanken hören.

Wir wohnten in einem Gebäude, in dem mehrheitlich Rentner lebten. Von unserem Balkon aus sah ich die Straße. Sie war so leer, als ob die Menschheit ausgestorben wäre.

Es war, als wäre man in einer Kleinstadt in einer Horrorgeschichte. Diese Harmonie hatte etwas Künstliches, und in einer plötzlichen Wendung der Handlung würde der Zuschauer ein schreckliches Geheimnis entdecken: Die Zombies sind in Wirklichkeit Vampire, die in dem verlassenen Haus leben und in der Dämmerung aus ihren dunklen Löchern kriechen, um nach Opfern zu suchen.

Wo waren die Menschen? Niemand hörte laut Radio, niemand schrie ohne Grund. Laut war nur der Fernsehapparat einer Nachbarin. In der ganzen Umgebung hörte ich nur den Apparat dieser Nachbarin. Das Gefühl von Urlaub verflog schnell.

Heimweh

Und dann kam: Heimweh, das.

Große Sehnsucht nach der fernen Heimat oder einem dort wohnenden geliebten Menschen, bei dem man sich geborgen fühlt.

Und auf Portugiesisch: *Saudade, a.*

Sentimento de nostalgia causado pela ausência de algo, de alguém, de um lugar ou pela vontade de reviver experiências, situações ou momentos já passados.

Ich vermisste Brasilien und hatte so einen Hunger, wollte weder Bratwurst noch Kartoffelsalat essen. Es schrie in mir: *Churrasco*, Polenta mit Hühnerinnereien, Bohnen mit getrocknetem Fleisch. Fürs deutsche Essen fehlte mir der Appetit. Natürlich aß ich, aber ohne dass es den seelischen Hunger befriedigt hätte, verstehen Sie?

Was ich wirklich wollte, war Hühner-*Coxinha* und *Pastel* essen und Zuckerrohrsaft trinken. Das Verlangen konnte nicht mit Ersatzessen gestillt werden. Der Hunger war ungeheuerlich und kein Verlangen des Körpers, sondern der Seele. Was für eine Lust, sich am Nachmittag mit Freunden und Freundinnen zu treffen und ein kaltes Bier zu trinken, begleitet von einer Portion gebratener Garnelen. Ich hatte Appetit auf Essen, das ich in Brasilien nicht oft gegessen habe. *Churro com doce de leite*, fettige *Risole* und herzförmige Kürbissüßigkeiten. Natürlich kann man diese Gerichte auch hier kochen, aber es fehlt immer etwas an Würze. Es geht nicht um Koriander und Kreuzkümmel, was fehlt sind das Lachen der Köchin, die Familie im Hinterhof, der Witz und die Beschwerde über die Verspätung — alle sind am Verhungern.

Die Kinder rennen herum, der Dackel bellt, das Radio des Nachbarn dröhnt und die Nachbarin überwacht alles aus dem Fenster.

In Deutschland blieb mir nichts anderes übrig, als Kartoffelsalat zu essen und zu versuchen, den seelischen Hunger zu verdrängen.

Meine Lehrerin

Aber es gab noch andere Sorgen: Ich hatte mich für einen Sprachkurs angemeldet und wollte überprüfen, ob mit meiner Anmeldung alles in Ordnung war. Das Gebäude des Sprachkurses lag an der Ecke meiner Straße, und ich ging dorthin.

Vor dem Gebäude waren einige Fahrräder abgestellt. Ich trat ein und befand mich in einem großen Raum mit einem Ecktisch, an dem eine Mitarbeiterin vor einem Computer saß. Eine Holztreppe führte in den ersten Stock, und es gab eine weitere Treppe, die wahrscheinlich in den Keller führte. Zwei junge Frauen mit langen blonden Haaren entnahmen Flugblätter aus einer riesigen Aluminiumkonstruktion, die an einer Wand befestigt war. Ich ging auf die Angestellte zu. Als sie mich sah, schaute sie von ihrem Computer auf und lächelte mich an. Sie wartete darauf, dass ich etwas sagte. Natürlich war sie auf alle möglichen Sprachen vorbereitet.

»Hallo, mein Name ist Chris Gomes«, sprach ich sie auf Englisch an.

Sie begrüßte mich, fragte, ob ich mich schon eingelebt hätte und solche Sachen.

Ich erklärte ihr meine Angelegenheit. Sie gab mir ein Formular und bat mich, es auszufüllen. Ich hasse es, Formulare auszufüllen. Seit ich mich entschlossen hatte, nach Deutschland zu ziehen, hatte ich jedoch so viele Formulare ausgefüllt, dass ich alle meine Daten auswendig konnte. Ich konzentrierte mich gerade auf diese lästige Aufgabe, als die Angestellte zu mir sagte:

»Das wird deine Lehrerin sein.«

Ich hob den Kopf und sah Frau Schwarz zum ersten Mal. Wow, was für eine Frau. Sie kam die Treppe hinunter wie eine Filmdiva aus den 1940er-Jahren. Sie muss in ihren Fünfzigern gewesen sein.

Groß, blond, mit riesigen Brüsten, dünnen Augenbrauen und türkisblauen Augen. Sie trug eine beige Hose, eine leicht durchsichtige Bluse mit Dreiviertelärmeln und hohe Absätze. Ihre Lippen waren tiefrot gefärbt, ihre Wimpern schwarz getuscht. Sie warf mir einen herablassenden Blick zu. Ich konnte nicht wegsehen, ich war wie hypnotisiert. In diesem Moment konnte ich mir nicht erklären, warum. Bei näherer Betrachtung wurde mir klar, dass ihre Macht auf ihrer dominanten Persönlichkeit beruhte. Meine Reaktion war die einer Gazelle beim Anblick eines Löwen, deren Fluchtinstinkt nicht den Alarm auslöste, aufzuspringen und sich im Gebüsch zu verstecken. Stattdessen steht die Gazelle wie ein gegrilltes Hähnchen dem Kunden zur Verfügung.

Frau Schwarz ging an mir vorbei und steuerte auf eines der Zimmer zu. Als ich aus meiner Trance erwachte, fühlte ich mich, als wäre ich gerade aufgewacht. Ich schaute mich verwirrt um und brauchte etwas Zeit, um die Fragen auf dem Formular zu beantworten.

Bei dieser ersten Begegnung hatten wir noch kein Wort miteinander gewechselt. Wie hätten wir das auch tun können? Abgesehen davon, dass ich nicht dieselbe Sprache sprach, fühlte ich mich zu eingeschüchtert, um ein Gespräch auf Englisch anzuregen. Frau Schwarz hatte diese Macht über Menschen. Obwohl ihr keine Schlangen aus dem Kopf wirbelten, konnte ein Normalsterblicher Angst haben, zu Stein zu werden, wenn er sie erblickt. Auch ein Wegschauen schien nicht in Frage zu kommen.

Nach dieser mich sehr verunsichernden Begegnung traf ich sie an meinem ersten Unterrichtstag wieder.

Pakt mit dem Teufel

Al

Am ersten Unterrichtstag verspätete ich mich. Ich betrat das Klassenzimmer und verbeugte mich wie ein Japaner vor seinem Chef und wiederholte »*I'm sorry, I'm sorry*«. Frau Schwarz warf mir einen Blick zu, der einen See hätte zufrieren lassen können. Sie sagte etwas auf Deutsch in einer Tonlage, die mich schrumpfen ließ.

Ich setzte mich sehr verlegen hin und hätte mir am liebsten ein Loch im Boden gegraben, um mich darin zu verstecken.

Nach diesem ersten Tag wagte ich es nie wieder, verspätet zu erscheinen, was mir viel Mühe bereitete und mir den Ruf exotisch zu sein einbrachte. Und das nur, weil ich oft mit Hosen ankam, die nicht zu meinen Blusen passten, und sogar mit verschiedenen Schuhen an den Füßen. Obwohl ich mir am Vortag meine Kleidung ausgesucht hatte, überlegte ich es mir in der Früh immer wieder anders, und da ich genau zehn Minuten Zeit hatte, das richtige Outfit zu finden — was nie geschah —, hatte ich zum Schluss eine schwarz-weiß gestreifte Bluse und einen mit grünen und roten Blumen bedruckten Rock an.

Mein Haar war eine Kategorie für sich. Ich behandelte es immer mit Gel und Cremes, entschlossen es offen zu tragen, schließlich hatte ich so schönes, lockiges, volles Haar, aber das Ergebnis missfiel mir immer.

Wenn ich Bilder von Modeschauen in Paris anschaute und die Models auf dem Laufsteg mit ihren langen Beinen und dem hoch toupierten Haar betrachtete, das aussah, als hätten sie eine Fellboa auf dem Kopf, dann sagte ich mir, dass ich stolz auf mein Haar sein sollte, denn ich bin mir sicher, dass der Friseur drei Stunden gebraucht hat, um solch einen *Look* zu kreieren, während ich dafür nur aufzustehen und mein Haar nicht zu kämmen brauchte. Aber als ich mich im Spiegel betrachtete, stellte ich fest, dass ich aus irgendeinem Grund nicht wie ein *Haute-Couture*-Model aussah, sondern wie eine wilde Frau, die während eines heidnischen Rituals durch den Wald rannte.

Ich fragte mich, ob ein kräftigeres Make-up, etwa ein Kilo grüner Lidschatten und ein schwarzer Lippenstift, helfen würde, aber als ich mit meinen Freundinnen aus dem Kurs darüber sprach, rieten sie mir davon ab.

In meiner Klasse gab es noch eine Brasilianerin — Rita. Sie war mit einem Deutschen verheiratet, und obwohl sie schon zehn Jahre lang in Deutschland lebte, hatte sie immer noch Schwierigkeiten mit der Sprache. Ihre Kinder waren in einem Alter, in dem sie Hilfe bei den Hausaufgaben brauchten, und sie wollte sich aktiv an ihrer Ausbildung beteiligen, weil sie Angst hatte, dass sie sonst nicht auf einem Gymnasium angenommen werden würden. Zuerst dachte ich, ihre Sorge sei unbegründet, schließlich seien ihre Kinder noch klein. Sie erklärte mir jedoch, dass sich das Schicksal der Kinder, Müllmann oder Präsident eines großen Unternehmens zu werden, schon vor dem achten Lebensjahr entscheidet.

Meine Klasse, die A1, war eine Mischung aus verschiedenen Kulturen, die jedem, der sich für dieses Thema interessiert, viel Stoff zur Recherche gegeben hätte. Rita und ich vertraten Brasilien. Puppe war Chinesin und ihr westlicher Name Jessie. Wir nannten sie jedoch nie Jessie, sondern Puppe, weil sie so hübsch war.

Die Türkei wurde durch eine junge Frau vertreten, die Nihal hieß. Ihr Name wird genauso ausgesprochen wie das ›*nihao*‹, mit dem sich die Chinesen begrüßen. Puppe sprang immer von ihrem Stuhl auf, wenn jemand nach der Türkin rief. Es war, als hätte man jemanden an seiner Seite, der ständig ›Hallo‹ sagt. Der Inder Ghotam sprach kaum und lächelte die ganze Zeit mit seinen sehr weißen Zähnen. Es gab auch eine Amerikanerin – Mary, die ständig ›iq‹ statt ›ich‹ und ›spreqen‹ anstatt ›sprechen‹ sagte.

Rita und ich freundeten uns bald mit einer anderen Brasilianerin an, Manuela, die nicht in unserer Klasse, sondern in der B2 war. Die Klassen wurden in A bis C eingeordnet, entsprechend dem ›Gemeinsamen europäischen Referenzniveau für Sprachen‹.

A stellt die Einstiegsstufe dar. Rita und ich gehörten zu A1 und wir waren neidisch auf die Teilnehmer und Teilnehmerinnen von B an aufwärts. ›Die Teilnehmerinnen der Stufe B1 können die Hauptpunkte verstehen, wenn klare Standardsprache verwendet wird und wenn es um vertraute Dinge aus Arbeit, Schule, Freizeit usw. geht. Sie können die meisten Situationen bewältigen, denen man auf Reisen im Sprachgebiet begegnet. Sie können sich einfach und zusammenhängend über vertraute Themen und persönliche Interessengebiete äußern. Sie können über Erfahrungen und Ereignisse berichten, Träume, Hoffnungen und Ziele beschreiben und zu Plänen und Ansichten kurze Begründungen oder Erklärungen geben.‹

Manuela, die B1 abgeschlossen hatte, war in der Lage all diese wunderbaren Dinge zu tun. Ich, die A1 angefangen hatte, konnte sogar bei der Aussprache meines eigenen Namens stottern, wie ich am ersten Unterrichtstag bewiesen hatte, als ich zu spät kam.

In der Pause sprachen wir Brasilianerinnen Portugiesisch. Ich weiß, ich weiß, ganz schlecht, aber es war so schwierig immer nach den richtigen Worten suchen zu müssen und immer zu überlegen, wie man einen Gedanken ausdrückt. Deutsch ist eine schwere Sprache und ich fühlte dies in meinen Schultern, in meinem Rücken: Mein Nacken war total verspannt. Man braucht ein bisschen Entspannung. Das kann doch nicht sein, dass man immer verspannt ist, oder? Jeden Tag, fünf Stunden Deutsch. Man darf doch in der Pause ein bisschen Portugiesisch sprechen, oder?

Ach, diese ersten Tage. Wie kann ich mich nicht liebevoll an sie erinnern? Die Nächte, in denen ich schweißgebadet aufwachte, da ich Angst hatte, dass der Wecker nicht klingeln würde und ich zu spät zum Unterricht erscheinen würde. Die Morgen, an denen ich das Haus verließ, wurden zur Tortur, mein Kopf schmerzte, weil ich meine Haare zu straff zusammengebunden hatte, mein Magen war leer, ohne einen Tropfen Kaffee oder ein Stück *Croissant*. Die ersten Unterrichtsstunden, in denen ich den eisigen Blick von Frau Schwarz vermied, als wäre sie die Medusa und hätte die Macht, mich in eine Statue aus Stein oder Salz oder etwas Ähnlichem zu verwandeln.

Kleines Bier

In unserer ersten Unterrichtswoche verabredete sich eine Gruppe aus dem Kurs zum Mittagessen in einem Biergarten. Wir beschlossen, zu Fuß dorthin zu gehen, da er nicht weit vom Gebäude der Sprachschule entfernt lag und nicht jede mit dem Fahrrad unterwegs war. Rita und Manuela gingen voran.

Die Sonne schien und es war sehr heiß. Der Biergarten war voll und wir mussten warten, bis ein Tisch frei wurde. Die riesigen Eichen mit ihren dicken Stämmen und ihrem dichten Laub warfen Schatten auf einige der langen Holztische mit den dazugehörigen Bänken. Schließlich führte uns ein sehr groß gewachsener junger Deutscher mit hellem Haar und blauen Augen zu einem der Tische. Rita und Manuela hatten keine Lust, im Schatten zu sitzen. Rita sagte:

»Chris, lass dir die Chance nicht entgehen, dich zu sonnen.«

In Rio wird der Rat andersherum erteilt.

Manuela erklärte uns, dass wir an dem Tresen bestellen müssten und dort unsere Getränke bekommen würden. Die Kellner würden nur das Essen bringen. Manuela und ich gingen zur Warteschlange, die anderen überlegten noch, was sie wollten. Ich hatte meinen Satz auf Deutsch auswendig gelernt, um meine Bestellung aufzugeben, schließlich wollte ich Manuela beeindrucken, um ihr zu zeigen, dass ich bald auch in B1 sein würde, um über meine Träume, Hoffnungen und Ziele zu sprechen, wenn auch nur mit einem einfachen Wortschatz. Die Schlange bewegte sich vorwärts und ich sagte zu dem Mann hinter der Kasse:

»Hallo, guten Tag, wenn es möglich wäre, hätte ich gerne bitte ein kleines Bier.«

Der Mann antwortete, ohne die Augenbrauen zu heben:

»Gibds ned, dann wardsda bisda Dursch auf a Großes hosd.«

Ich hatte ein Jahr lang in Brasilien Deutsch gelernt, ich hatte geglaubt, dass ich keine Schwierigkeiten damit hätte, ein kleines Bier zu bestellen, auch ohne B1.

»Was hat er gesagt?«, fragte ich.

»Ein kleines Bier gibt es nicht, du solltest warten bis du Lust auf ein großes Bier hast.«

»Hat er das wirklich gesagt?«

Manuela bestellte für uns beide und sie erklärte mir, dass der Herr hinter dem Tresen in fränkischem Dialekt gesprochen hatte.

»Aber mach dir keine Sorgen«, fügte sie hinzu. »Hier spricht man normalerweise Hochdeutsch.«

Als wir an den Tisch zurückkehrten, fragte ich:

»Hast du dich schon gut eingelebt?«

Manuela war schwarz, dreißig Jahre alt, groß und stolz auf ihr Afro-Haar.

»Es ist nicht einfach«, lautete ihre lakonische Antwort.

Sie erzählte mir, dass sie aus São Paulo stamme und vor einem Jahr nach Deutschland gezogen sei, weil sie einen Job in der IT-Branche in Deutschland gefunden hatte, aber noch kaum Deutschkenntnisse besaß. Aber sie war fest entschlossen, den Kurs zu beenden und die Prüfung für das Goethe-Zertifikat C2 abzulegen. Ich hatte gehört, dass sogar viele Deutsche diese Prüfung nicht bestehen würden, weil sie so schwierig ist. Ich bewunderte Manuelas Entschlossenheit. Sie arbeitete hart als Angestellte und fand dennoch nicht nur die Energie zu lernen, sondern auch, um die Beste in ihrer Klasse zu sein.

Rita teilte meine Meinung nicht, sie versuchte immer Manuela kleinzureden.

»Sie arbeitet zu viel, das ist nicht normal. Sie muss immer beweisen, dass sie in allem die Beste ist.«

Es war offensichtlich, dass Rita eifersüchtig war, denn, obwohl sie schon jahrelang in Deutschland lebte, war sie nicht imstande sich gut auszudrücken.

»Warum muss diese Sprache so schwierig sein?«, fragte sie und seufzte.

Ritas Traum war es, nicht mehr Hausfrau zu sein, sondern ›berufungstätig‹. Gemeint war ›berufstätig‹, aber Rita würde dieses Wort wohl erst richtig nach Abschluss der Klasse C2 aussprechen können.

Ich versuchte, die Stimmung aufzulockern, indem ich sagte, sie sei zu sehr mit der Erziehung ihrer Kinder beschäftigt. Ich wusste, dass dies keine angemessene Bemerkung war, vor allem, wenn sie von einer Frau stammt. Ich sollte Rita ermutigen, unabhängig zu werden, aber die Sprache war wirklich ein Problem und ich wollte nicht, dass Rita sich selbst zu sehr unter Druck setzte. Sie hatte mir mehrere Geschichten erzählt, wie sie sich in peinliche Situationen gebracht hatte. Zum Beispiel, als sie die Familie ihres Mannes kennenlernte.

Er und seine Brüder machten sich einen Spaß daraus, sich gegenseitig ›Specht‹ zu nennen. Rita wandte sich an ihren zukünftigen Schwager und redetet ihn mit ›Speck‹ an. Die ganze Familie brach in Gelächter aus, mit Ausnahme ihres zukünftigen Schwagers.

»Wenn ich einen Job kriege«, sagte Rita, »dann nur als Teilzeitkraft und ich werde arbeiten, wenn die Kinder in der Schule sind…«

Ich beschloss, Rita von da an zu unterstützen. Ich fühlte mit ihr, letztendlich hatte ich auch meine Schwierigkeiten.

Es war mein erster Sommer in Deutschland. Meine brasilianischen Freundinnen und ich gingen ins Freibad. Wir aßen Eis und tranken Bier. Wir sahen die Leute an. Es war so komisch, diese Leute im Wasser oder auf der Wiese zu beobachten. Sie waren einfach anders als wir.

Und Sachertorte?

Meine Deutschlehrerin war sehr streng. Sie richtete ihr Augenmerk auf die Genauigkeit der deutschen Sprache, aber sie wusste doch nicht alles, wie ich später erfuhr. Manchmal hörte sie uns Deutsch miteinander sprechen, sie blieb ganz locker, auch wenn sie so tat, als ob sie mit uns plaudern wollte. Wenn wir einen Fehler machten, wandte sie sich ab, damit wir uns sicher fühlten und das Gespräch fortsetzten. Wir fühlten uns dadurch sicherer und sprachen weiter und dann ... zap.

Einmal redeten die anderen übers Kochen. Ich nicht. Ich kann überhaupt nicht kochen. Ich hasse es. Aber die anderen unterhielten sich darüber und Puppe sagte, sie habe etwas frittiert.

»Frittiert? Beim Frittieren muss das ganze Essen ins Öl eingetaucht werden«, sagte die Lehrerin.

Und Frau Schwarz erklärte uns die Prozeduren im Detail, sogar mit Zeichnungen. Frittieren, marinieren, anbraten, grillen, ... nicht einmal auf Portugiesisch konnte ich so viele Kochprozeduren nennen. Und dann sagte sie: »Kuchen wird gebacken, Torte nicht.«

Warten Sie mal ... übers Kochen kann ich nicht sprechen, aber über Kuchen. Nicht dass ich backe, aber ich esse gerne und manchmal unterstütze ich Nildo moralisch, während er bäckt, Nildo ist ein Hobbykoch.

»Und Sachertorte? Die wird doch gebacken«, fragte ich.

Da Nildo in Wien geboren ist und dort auch einige Jahre lebte, kennt er sich gut mit der österreichischen Küche aus und deshalb weiß ich, wie man eine Sachertorte zubereitet. Frau Schwarz wusste anscheinend nicht, wie man eine Sachertorte macht und gab mir keine Antwort. Für sie wird Kuchen gebacken, Torte aber nicht.

Ein anderes Mal sprach sie über das Grüßen. Beim Mittagessen sagt man guten Appetit.

»Und Mahlzeit?«, fragte ich.

»Korrekt ist es, sich guten Appetit zu wünschen.«

»Aber in Österreich...«

Sie unterbrach mich. Sie war irritiert von meinem »Aber in Österreich...«

»Auf Deutsch sagt man beim Essen guten Appetit«, wiederholte sie.

Meine Schwiegermutter lebt seit ihrer Kindheit in Wien. Nildo und ich waren daher an Wochenenden oft dort. Nildo sagt beim Essen immer ›Mahlzeit‹. Ich teilte das meiner Lehrerin nicht mit.

Goethe

Es ist sicher kein Zufall, dass die wichtigste Figur der deutschen Literatur Goethe heißt. In seinem bekanntesten Buch erzählt er die Geschichte eines deprimierten Mannes namens Faust, der einen Pakt mit dem Teufel schließt. Nun, ich denke, die Geschichte war inspiriert aus seiner eigenen Erfahrung. Man muss einen Pakt mit dem Teufel schließen, um die deutsche Sprache zu beherrschen. Ich meine es ernst. Die deutsche Sprache gehört zu den zehn schwierigsten Sprachen der Welt. Wenn es eine Möglichkeit gibt, es leichter zu machen, machen es die Deutschen schwerer.

Zum Beispiel muss das Verb immer an der zweiten Stelle im Satz stehen, wie hier: Ich aß — Auf Portugiesisch ist es ebenso: *Eu comi*. Wenn man auf Portugiesisch ein Adverb der Zeit hinzufügen möchte und dies an die erste Stelle setzt, reiht man den Rest des Satzes einfach nach. Anders als auf Deutsch ist es nicht zwingend, das Verb an die zweite Stelle zu setzen. Man sagt also: *Ontem eu comi pizza*. Wortwörtlich übersetzt heißt es dann: Gestern ich aß Pizza. Das Verb steht in diesem Beispiel an der dritten Stelle im Satz, was kein grammatikalisches Problem darstellt.

Stellen Sie sich vor, der Brasilianer konzentriert sich während eines Gesprächs darauf, das Verb an die zweite Stelle zu setzen. Wenn das alles wäre, wäre es in Ordnung, aber man muss das Verb auch konjugieren und bereut, dass man die Tabelle mit den unregelmäßigen Verben nicht auswendig gelernt hat — ist die Vergangenheitsform von klingen, klingelte oder klang? — und dann ist da noch die Deklination der Artikel — der, die oder das? — und von Adjektiven und je nach Fall — Nominativ, Akkusativ, Dativ oder Genitiv — ändert sich alles.

Und bei zwei Verben — hat gegessen — rückt das Hilfsverb — haben oder sein, je nachdem, ob es sich um ein Bewegungsverb handelt oder nicht — an die zweite Stelle und das Hauptverb ans Ende des Satzes: Gestern habe ich eine leckere Pizza Marguerite gegessen. Das Ergebnis ist, dass der Brasilianer während des Gesprächs mit diesem albernen Gesicht und weit aufgerissenen Augen versucht, den Satz in seinem Kopf zu ordnen und sich an die grammatikalischen Regeln zu erinnern, während der Deutsche bereits das Thema gewechselt hat und sich insgeheim fragt, ob der Brasilianer wegen seines ratlosen Gesichts zurückgeblieben sein könnte.

Ich möchte wissen, wo ich Mephisto finde, um meine Seele zu verkaufen.

Vielleicht kann ich dann endlich fließend Deutsch sprechen.

Nach dem Unterricht ging ich nach Hause und sah fern, ohne irgendetwas zu verstehen. Als gerade Werbung gesendet wurde, ging ich in den Waschraum, um Wäsche zu waschen. Ok, Sie dürfen ruhig fragen, warum ich dies während der Werbung tat, wenn ich doch die ganze Sendung nicht verstanden hatte? Ganz einfach: aus reiner Gewohnheit.

Im Waschraum traf ich eine meiner Nachbarinnen. Nicht die, die das Fernsehprogramm so laut hört, dass alle etwas davon haben, sondern eine andere. Sie war eine alte Dame mit Haaren wie weiße Zuckerwatte. Sie hatte eine Art und Weise mich anzuschauen, zart und warm. Ich sagte nur »Hallo«, sie lächelte. Ich ging schnell in unsere Wohnung zurück, ihr Lächeln begleitete mich. Die Freundlichkeit der Frau war eine kleine Überraschung. Ich hatte viel darüber gehört, wie verschlossen die Deutschen waren.

Zurück in der Wohnung vergaß ich meine Nachbarin. Es wirbelte jetzt etwas ganz anderes durch meinen Kopf: Warum verwandeln sich Hose, Rock, Hemd ganz plötzlich in ›Wäsche‹, wenn sie schmutzig sind oder sich im Bereich des Waschraumes befinden? Das war für mich ein Rätsel. Ich verstand es ebenso wenig wie die Tatsache, dass Kuchen gebacken wird und Torte nicht...

Nildo schlug vor, dass ich öfter aus dem Haus gehen solle. Ich sollte die Sprache üben. Da meine Haare nach drei Monaten, die ich nun schon in Deutschland war, lang geworden waren, beschloss ich zum Frisör zu gehen.

Lockiges Haar

Mein Haar und ich haben eine besondere Beziehung. Mein lockiges und sehr feines Haar muss gepflegt werden, sonst hält man mich für eine Verrückte, die frisch aus dem Irrenhaus ausgebrochen ist. Wenn ich morgens aufwache und meine Haare noch nicht gekämmt habe, werde ich für einen Höhlenmenschen gehalten. Es würde mich nicht wundern, wenn jemand einen Knochen in meine Richtung werfen würde und schreiend davonlaufen würde. Wenn ich Leute nicht erschrecken will, wasche ich mir am besten die Haare, bevor ich das Haus verlasse, kämme sie und trage Haarprodukte auf, um meine Locken zu ›aktivieren‹. Dann folgt der letzte Schliff, der nichts anderes ist, als die Locken einzeln mit dem Zeigefinger zu formen und dann die Strähnen mit den Handflächen zu kneten und sie natürlich trocknen zu lassen oder einen Haartrockner mit Diffusor zu benutzen — Das heißt, um vier Uhr morgens aufzustehen und vielleicht um acht fertig zu sein. *YouTube* bietet sehr viele Anleitungen für ähnlich lockiges, wildes Haar und die Ergebnisse sehen schön aus, aber es ist nichts für mich. Ich schlafe lieber ein paar Stunden länger, als mich in der Früh stundenlang um mein Haar zu kümmern. Das Schlimmste ist, dass die Locken nach einer Nacht ihre Form verlieren. Es sei denn, ich gehe mit einem dieser Hüte schlafen, die Bienenzüchter tragen. Oder mit einem Helm der amerikanischen Footballspieler.

Ein weiterer wichtiger Faktor für die Schönheit von Locken ist der Haarschnitt. Rita und Manuela erzählten mir von einer brasilianischen Friseurin, aber sie hatte einen vollen Terminkalender und ich hätte Monate warten müssen. Also beschloss ich, einen deutschen Salon aufzusuchen.

Die deutsche Friseurin empfing mich, ohne mir drei Küsschen auf die Wange zu geben; — in Brasilien gehört das zum Service — sie bat mich, Platz zu nehmen; und fragte mich, welche Wünsche ich hätte. Wie Edward mit den Scherenhänden — wenn Sie wissen, wer das ist, haben Sie wahrscheinlich kein Profil auf *TikTok* — hat sie ihre Magie eingesetzt und ich war mit dem Ergebnis zufrieden. Aber dann habe ich den Fehler gemacht und gesagt, dass ich meine Haare nicht glätten, sondern meine Locken behalten wolle. Die Friseurin nickte und griff nach einem riesigen Föhn — ohne Diffusor. Ich schwöre, er war so groß wie ein Kleinwagen — ich übertreibe nicht. In diesem Moment hätte ich vom Stuhl aufstehen und sagen sollen: »Tut mir leid, Schatz, aber der Föhn kommt nicht an meine Locken.«

Stattdessen schwieg ich.

Das ist leider etwas, was wir Brasilianer oft tun — wir schweigen. Von einigen Ausnahmen abgesehen wollen die meisten von uns *die Gefühle anderer nicht verletzen*. Wenn in Brasilien jemand fragt, ob wir beim Umzug helfen können, erfinden wir eine Ausrede.

»Gerade an diesem Tag habe ich einen Termin. Schade!«

Der Deutsche sagt, ohne mit der Wimper zu zucken: »Ich habe Rücken, ich kann keine schweren Sachen tragen.«

Im Salon schloss ich die Augen und sagte mir, dass diese deutsche Friseurin wissen würde, was sie tut, und dass ich, wenn ich die Augen öffnete, hübsch sein würde und bereit für einen Laufsteg in Mailand. Aber tief im Inneren wusste ich, dass die Kombination aus dem Monsterföhn und meinem Haar kein *Happy-End* haben würde. Die heiße Luft umhüllte meinen Kopf und viele Dinge gingen mir durch den Sinn: Wie werde ich den Salon verlassen? Werden die Leute es komisch finden, wenn ich mein T-Shirt hochziehe, um meinen Kopf zu verstecken? Ich hoffe, ich begegne keinen Bekannten auf der Straße.

Ich öffnete meine Augen und *voilà*. Wenn ein Modekritiker meinen Look beurteilen würde, würde er etwas schreiben wie: Zwanzig Vogelnester, die nach einem Sturm einen sicheren Hafen im Kopf dieser jungen Frau gefunden haben. Die Friseurin versuchte, das Ergebnis zu verbessern, indem sie mit ihren Fingern durch meine Strähnen fuhr. Ich weiß, dass es ihr peinlich war – als ob sie einen *Gremlin* nass gemacht hätte. Mir war das auch peinlich, wahrscheinlich noch mehr als ihr. Ich dachte sogar daran, mich zu entschuldigen: »Tut mir leid, ich bin nicht von hier.«

Ich verließ den Salon und ging die Straße hinunter, wobei ich es vermied, die Leute anzusehen, und ich weiß bis heute nicht, warum niemand einen Knochen nach mir warf und schreiend davonlief.

Diese erste Phase war schwierig. Alltägliche Dinge wurden zu Herausforderungen, vor allem, weil ich viele Dinge nicht verstand. Oder es waren die Deutschen, die mich nicht verstanden haben.

Suppengemüse

Hier in Deutschland habe ich festgestellt, dass ich nicht weiß, wie man einkauft. Ich ging mit der von Nildo vorbereiteten Einkaufsliste in den Supermarkt. Als ich durch die Gänge ging, runzelte ich die Stirn, als ich Suppengemüse las. Wie naiv von mir, ich dachte immer, dass man das Gemüse auswählt, das man gerne in die Suppe tut – vielleicht etwas Saisonales oder etwas, das sich bereits im Angebot befindet. Damals in Brasilien war das immer so. In Deutschland wird Suppengemüse bereits verpackt angeboten: Möhren, Sellerie, Kohlrüben, Lauch und Petersilie.

Aber meine größte Schwierigkeit sind die Kartoffeln. Es gibt verschiedene Arten von Kartoffeln: festkochend, mehlig, vorwiegend festkochend und wilde Kartoffeln sowie Variationen derselben Sorten. Die Kartoffel für das Püree ist nicht geeignet, um Eintopf zu kochen oder Salat zuzubereiten.

Es ist schon vorgekommen, dass ich zu Hause Nildo gebeten habe:

»Mach doch Kartoffelpüree.«

Er antwortete mir: »Kartoffeln sind alle.«

»Was meinst du? Schau mal, da ist doch ein Kilo.«

»Aber es sind keine Kartoffeln für Püree.«

Die Deutschen haben diese Eigenschaft, sehr spezifisch zu sein.

Wenn ich in Brasilien nach einem Löffel frage, bekomme ich einen Löffel. In Deutschland bekomme ich einen Fragebogen.

Welche Art von Löffel? Einen Suppenlöffel, einen Teelöffel? Und wehe, ich benutze den Suppenlöffel, um Joghurt zu essen. Eines Tages schlug ich Nildo vor, einen mittelgroßen Löffel zu kaufen, und nachdem ich das Formular mit neunzig Fragen ausgefüllt hatte, fand ich heraus, dass es sich um einen Müslilöffel handelte. Ich musste einen zwanzigseitigen Vertrag aufsetzen, damit Nildo zustimmte, dass ich den Müslilöffel zum Eisessen benutzen darf. Anscheinend hat keiner die Idee gehabt, einen Eislöffel zu patentieren. Oder vielleicht gibt es den schon und Nildo und ich haben einfach keine Ahnung.

Bei dieser Besonderheit geht es nicht nur um Gebrauchsgegenstände und Lebensmittel. Was tun Sie in Brasilien, wenn Sie eines Tages aufwachen und beschließen, laufen zu gehen? Sie ziehen ein paar abgetragene Klamotten an, schnüren ihre Laufschuhe und laufen los. In Deutschland geht man in ein Fachgeschäft und kauft sich die richtige Kleidung. Das Funktionsshirt tragen Sie zum Laufen – nicht zum Basketball spielen oder Walken. Beim Radfahren ist das Hemd eines mit Gummizug und die Shorts sind mit Polsterung für das Gesäß. Die Walkingschuhe sind nicht die Wanderschuhe. In den Fachgeschäften in Europa erklärt das Personal die Funktion der einzelnen Produkte und empfiehlt die passenden Socken zum Kauf dazu.

Ich schäme mich zu gestehen, dass ich in Brasilien beim Wandern oft Flipflops getragen habe. Auf der *Ilha Grande* — Große Insel — ging ich in Bikini und Flipflops durch den Atlantischen Regenwald. Stellen Sie sich vor, ich treffe auf einen Deutschen mit seinen Spezialstiefeln und-socken, seiner schnelltrocknenden Hose mit mehreren Taschen, seinem Multifunktionshemd, das sogar Insekten abwehrt und die Körpertemperatur konstant hält, seinem Rucksack mit einem Erste-Hilfe-Kasten, Tabletten zum Entkeimen von Wasser, seinem Zelt und vielleicht seinem Schlauchboot.

Die Begegnung wäre wie in der Zeit der Invasion, als der verkleidete Europäer dem nackten Eingeborenen gegenüberstand. Nach der seltsamen Begegnung würde jeder seines Weges gehen. Ich würde auf jeden Fall in die nahe gelegene Strandbar laufen, um ein Bier zu trinken und mich auf die zweite Etappe meiner Wanderung vorzubereiten.

Ich habe versucht, diesen kleinen Hindernissen keine große Bedeutung beizumessen. Aber die Wahrheit ist, dass sie mich ermüdet haben. Ich fühlte mich die meiste Zeit über erschöpft.

Telenovela

Eines Tages traf ich meine nette Nachbarin wieder im Waschraum. Diesmal fragte sie, wie es mir ging. Ich wollte von meinen anfänglichen Schwierigkeiten erzählen, aber auf Deutsch zu sprechen war immer noch eine Herausforderung, wenn ich nicht gerade meine Sätze im Voraus auswendig gelernt hatte.

»Es geht mir sehr gut, danke und Ihnen?«, antwortete ich und fragte mit der richtigen Intonation.

Aus dem Nichts heraus, zwischen Waschpulver und Wäscheklammern, machte sie mir ein Kompliment. Sie sagte, man könne in meinen Augen sehen, dass ich ein besonderer Mensch sei. Ich verstummte und ohne ein Wort zu sagen nahm ich meinen Korb mit der Wäsche und kehrte schnell in die Wohnung zurück. Ich wollte nicht unhöflich sein, aber ich konnte einfach nichts sagen. Die Worte hatten ihre Bedeutung verloren und waren mit der Stimme dieser alten Dame, mit dem Haar aus Zuckerwatte verschmolzen. In der Wohnung ließ ich den Korb auf den Boden fallen und Tränen flossen aus meinen Augen. Ganz tief in meinem Herzen ein solcher Schmerz. Meine Mutter war weit weg von hier, meine Mutter würde Falten bekommen, würde älter werden. Meine Mutter würde sterben, fern von mir. Ich würde weit weg von allen, die mir in Rio so wichtig waren, leben und irgendwann allein sterben. Ich weinte lange.

Später fragte ich mich, was mit mir los war. Ein Drama, wie in einer mexikanischen *Telenovela*. In Brasilien hatte ich nie *Telenovela* gesehen, und jetzt so etwas?

Ich habe Rita angerufen und ihr alles erzählt.

»Du brauchst einen Job«, sagte Rita. »Ich habe einen Termin mit Veronika von der Arbeitsagentur vereinbart. Komm mit mir mit!«

Als Nildo nach Hause kam, erzählte ich ihm von meinen Plänen, mir einen Job zu suchen.

»Ich halte das für eine großartige Idee«, erwiderte er. »Es geht nichts über einen Sprung ins kalte Wasser.«

Als jemand, der eine warme Dusche bevorzugt, hat mir Nildos Bemerkung nicht besonders gefallen. Wie wenn man sagt: »Der frühere Vogel fängt den Wurm.«

Einen Wurm zu fangen sollte mich motivieren, in der Morgendämmerung mein bequemes Bett zu verlassen?

»Es wird gut sein«, sagte Nildo, »du wirst deine Angst verlieren, Deutsch zu sprechen«.

Ich hatte keine Angst, Deutsch zu sprechen, ich hatte Angst, mit Menschen zu reden. Ich hatte die schreckliche Angewohnheit entwickelt, meine Sätze nicht zu beenden.

Ich fing an zu sagen: »Ich habe drei Jahre lang in diesem Projekt...« und konnte meine Sätze nicht zu Ende führen.

Ich dachte an die Konjugation des Verbs und nach langem Nachdenken wusste ich nicht mehr, worüber ich überhaupt sprach. Ich war mir sicher, dass die Deutschen, mit denen ich mich unterhielt, mich für geistig behindert hielten, und es gibt sicher einige, die bis heute noch auf den Abschluss meiner Sätze warten.

Nildo war überzeugt, dass dies ein weiterer Grund für mich war, mir einen Job zu suchen, weil ich dann die Sprache besser lernen würde. Ich dachte darüber nach und kam zu dem Schluss, dass es eine gute Erfahrung sein würde. Schriftsteller*innen müssen rausgehen und sich unter die Leute mischen. Vielleicht würde dieses Erlebnis mich inspirieren, meine erste Geschichte auf Deutsch zu verfassen.

Frau Dr. Sauerwein ist sauer

Die Agentur

Veronikas Arbeitsagentur befindet sich in einer Seitenstraße nicht weit weg von der Hauptstraße in Erlangen. An dem Tag, als Rita und ich dort hingingen, schien die Sonne und es war sehr heiß. Drei Leute unterhielten sich vor dem Gebäude, eine von ihnen war Veronika, die Rita zuwinkte.

»Hast du Zeit?«, fragte Veronika. »Diese Journalistin möchte mich für die Lokalzeitung interviewen.«

»Natürlich haben wir Zeit«, antwortete Rita, ohne mich zu fragen.

Ich habe mich nicht beschwert, schließlich würde die Lokalzeitung die Geschichte einer Brasilianerin herausbringen. Wer weiß, vielleicht wäre ich eines Tages an der Reihe, interviewt zu werden, nachdem ich meine Bücher veröffentlicht hätte?

»Warum konzentriert sich Ihre Agentur darauf, Jobs an Brasilianerinnen zu vermitteln?«, fragte die Journalistin.

Die heiße Luft war getränkt vom Currygeruch, der aus einem an der Ecke gelegenen indischen Restaurant drang.

Veronika sah die Journalistin an und antwortete:

»Sicherlich hat die Tatsache, dass ich Brasilianerin bin meine Entscheidung beeinflusst. Meine Lebensgeschichte unterscheidet sich nicht sehr von der vieler anderer brasilianischer Frauen, die Deutsche heiraten. Viele von ihnen verzichten auf ihre Unabhängigkeit. Mein Ziel ist es, dass diese Frauen auf dem Arbeitsmarkt Fuß fassen und ihr eigenes Geld verdienen.

Außerdem dürfen wir nicht vergessen, dass Deutschland aufgrund der Überalterung seiner Bevölkerung Arbeitskräfte braucht.«

Wow — Veronika würde ich meine Stimme geben.

Der Fotograf, der die Journalistin begleitete, schlug vor, ein Foto vor der Agentur zu machen, und Veronika lud Rita und mich ein, dabei zu sein. Was für ein Pech, ausgerechnet an diesem Tag waren meine Haare unordentlich und ich hatte nicht einmal Lippenstift aufgetragen. Wir standen vor dem Fenster, auf dem man lesen konnte ›Arbeitsagentur Brazuca‹. Der Fotograf schoss das Foto. Dann verabschiedeten sie sich.

Veronikas Agentur war nicht mehr als ein kleiner Raum mit zwei Tischen, zwei Stühlen, einem alten Computer und einer Kaffeemaschine. Es gab auch eine kleine Toilette ohne Fenster. Die Agentur war neu und Veronika hatte entweder keine Zeit gehabt, sich um die Dekoration zu kümmern, oder kein Geld — vielleicht war es beides. Die Wände waren nackt und der Raum sah ein bisschen trostlos aus.

»Setzt euch«, sagte sie und schob mir ihren Stuhl entgegen. »Möchtet ihr einen Kaffee?«

Ich hätte gerne einen getrunken, aber die Kaffeemaschine war ausgeschaltet, und ich wollte Veronika keine Unannehmlichkeit bereiten, deswegen lehnte ich ab. Veronika war eine schlanke schwarze Frau, ihr Haar war zu einem Pferdeschwanz gebunden. Sie trug ein geblümtes Kleid.

»Rita, hast du dein Deutsch verbessert?«, fragte Veronika.

Die Gruppe der brasilianischen Frauen aus Erlangen kannte Rita und ihre Schwierigkeiten mit der Sprache.

»Ja, und ich mache einen Kurs, zusammen mit Chris«.

Veronika warf einen Blick in meine Richtung.

»Und du bist also auch auf der Suche nach einem Job?«

»Ja«, antwortete ich, »ich bin Schriftstellerin, vielleicht hast du in diesem Bereich etwas für mich?«

»Schreibst du auf Deutsch?«

»Nein.«

»Leider kenne ich keinen Menschen aus Brasilien, der gerade plant, seine Memoiren zu schreiben.«

Veronika schaltete den Computer ein und blickte auf den Bildschirm.

»Ich habe freie Stellen als Rezeptionistin. Ihr könnt euch entweder für eine Praxis für Physiotherapie oder für eine Hautärztin entscheiden und euch dann dort bewerben.«

Rita sagte schnell, dass sie die Hautarztpraxis bevorzuge.

Also bekam ich die freie Stelle in der Praxis für Physiotherapie.

y

Sabine, die Physiotherapeutin, empfing mich noch am selben Nachmittag. Sie suchte dringend eine Rezeptionistin. Die Praxis war geräumig und Sabine war eine energische Frau, die schnell redete, während sie mir die Geräte zeigte. Sie führte mich in einen winzigen Raum, in dem sich der Fango-Ofen befand. Ich hatte noch nie etwas von Fango gehört. Eine Art Schlamm, der für Wärmebehandlung verwendet wird. Der Fango wird erhitzt und anschließend als Packung auf den Körper aufgetragen. Sabine zeigte mir, wie man den Fango-Ofen bedient. Es war wirklich sehr heiß. Dieser Job würde kein Zuckerlecken sein. Es war sehr wahrscheinlich, dass ich durch die Anstrengung ein paar Kilo abnehmen würde, es sei denn, Angstzustände würden mich dazu bringen viel zu viel zu essen. Jedes Mal, wenn ich das Telefon klingeln hörte, sprang ich auf. Das Telefon war mein Albtraum. Es war schon schwer genug, mit den Deutschen von Angesicht zu Angesicht zu reden, aber am Telefon?

Sabine erklärte mir, dass ich am Telefon sagen sollte:

»Praxis für Physiotherapie, guten Tag!«

Ich wiederholte: »Praxis für Phisiotherapie, guten Tag!«

»Nicht Phisio«, sagte Sabine. »Physio.«

Sie zog die Lippen zusammen und sprach die korrekte deutsche Aussprache des y.

Ich wiederholte: »Phusio«

»Physio.«

»Phiesio.«

»Physio.«

»Phuesio.«

Nach mehreren Versuchen, durch die meine Lippen leicht taub wurden, gelang es mir, Physiotherapie richtig auszusprechen.

Das Telefon klingelte und Sabine bat mich, den Anruf entgegenzunehmen.

»Praxis für ... Physiotherapie, guten Tag!«

Die Person am anderen Ende der Leitung sprach ununterbrochen und ich konnte nur meinen Herzschlag in meinen Ohren pulsieren hören. Ich legte den Hörer auf und Sabine starrte mich erstaunt an.

»War das nicht ein Patient, der einen Termin ausmachen wollte?«

»Hat sich verwählt.«

Es war durchaus möglich, dass es ein Patient war, der einen Termin vereinbaren wollte, aber ich war zu aufgeregt, um mich zu konzentrieren und hatte kein einziges Wort verstanden. Ich konnte nur daran denken, dass ich es geschafft hatte, Physiotherapie richtig auszusprechen. Sabine bat mich zu üben, denn die Pause, die ich mitten im Satz gemacht habe, hatte sich sehr seltsam angehört. Diese Pause war notwendig gewesen, damit ich mich geistig und körperlich auf die Aussprache des y vorbereiten konnte, indem ich meine Lippen richtig zusammenbrachte. Aber ich hatte nicht vor, das Sabine zu erzählen, also nickte ich.

Sie gab mir ein Faltblatt mit den angebotenen Behandlungen und bat mich, diese auswendig zu lernen, falls ein Patient danach fragen sollte. Ich setzte mich an die Rezeption, und als Sabine sich um einen Patienten kümmerte, atmete ich erleichtert auf und warf einen Blick in die Broschüre.

Krankengymnastik

Lymphdrainage

Physikalische Therapie

Meine Güte, wie werde ich das überstehen?

Wenn ich schon solche Schwierigkeiten hatte, wie würde die arme Rita sich durchschlagen? Sie konnte nicht einmal Eichhörnchen aussprechen.

Ich habe den ersten Arbeitstag überlebt und war danach so erschöpft wie noch nie in meinem Leben. Fango durch die Gegend zu tragen ist eine anstrengende körperliche Aktivität.

Nildo holte mich nach Feierabend mit dem Auto ab und lud mich ein, meinen ersten Arbeitstag mit einem Abendessen beim Italiener zu feiern.

»Wie wäre es, wenn wir die Feier auf ein anderes Mal verschieben?«, fragte ich.

»Das ist in Ordnung«, sagte Nildo, »wie wäre es am Wochenende?«

»Wochenende? Ich habe an meinen Urlaub gedacht.«

Trotz meiner Müdigkeit rief ich Rita an und erkundigte mich nach ihrem Tag, während Nildo am Steuer saß. Rita antwortete mir, dass sie keine Schwierigkeiten gehabt hatte. Ich beendete das Gespräch und sagte zu Nildo:

»Ich finde es seltsam, dass Rita keine Schwierigkeiten hatte.«

Nildo fragte mich: »Rita, ist das deine Freundin, die mich Nudeln nennt?«

Am nächsten Tag wachte ich mit Muskelkater am ganzen Körper auf, und es war fast unmöglich, nicht zu spät zum Sprachkurs zu kommen. In der Pause, als wir auf dem großen Sofa im Aufenthaltsraum saßen, erzählte ich Rita und Manuela von meinen Abenteuern am Vortag. Manuela lachte und sagte, ich müsse nur ein bisschen üben, dann würde ich eine Expertin für die Aussprache des y werden.

Ich wandte mich an Rita: »Und du? Hattest du an deinem ersten Arbeitstag keine Schwierigkeiten?«

Rita schüttelte den Kopf.

»Ich? Nada, aber ich muss gestehen, dass mich die Patienten von Dr. Sauerwein ab und zu etwas seltsam angestarrt haben.«

»Glaubst du, sie haben dich diskriminiert, weil du Ausländerin bist?«, fragte Manuela.

Rita seufzte.

»Ich glaube nicht, aber ich bin mir nicht sicher.«

Rita

Als ich am Nachmittag in die Praxis ging, machte mich sofort an die Arbeit. Ich schaltete den Fango-Ofen ein und warf die Handtücher, die am Vortag benutzt worden waren, in die Waschmaschine. Eine Patientin kam herein, es war eine Fränkin. Das Ergebnis: Ich verstand nur Bahnhof. Sie legte offensichtlich keinen Wert auf *Hochteudsch*. Es war ›deppert‹ hier und ›deppert‹ da und ›Des is hadd!‹

Doch schon bald traten die Verständnisschwierigkeiten in den Hintergrund. Mein Handy klingelte, ich ging ran und hörte Rita weinen.

Ich ging zu Sabine, die gerade einen Patienten massierte.

»Ich muss leider gehen, Notfall.«

»Notfall? Was meinen Sie damit? Sie können nicht einfach gehen.«

»Es tut mir leid.«

Ich verließ die Praxis und fuhr mit dem Fahrrad zu Ritas Arbeitsstelle.

Als ich ankam, hatte Veronika von der Agentur gerade ihr Auto geparkt und ich fragte sie: »Was ist passiert?«

Veronika seufzte.

»Rita gerät immer in Schwierigkeiten.«

In der Hautarztpraxis saß Rita weinend auf dem Empfangstresen. Ich ging auf sie zu.

»Wir sind hier, mach dir keine Sorgen.«

Rita heulte wie ein siebenjähriges Mädchen.

Frau Doktor Sauerwein kam aus einer der Türen. Sie war in den Vierzigern, groß und stämmig. Sie trug einen weißen Arztkittel über einem blauen Kleid und hohe Absätze. Sie wandte sich direkt an Veronika: »Ich habe Ihrer Freundin diese Chance nur gegeben, weil Sie mich darum gebeten haben, aber sie ist gefeuert.«

Veronika versuchte ruhig zu klingen.

»Frau Doktor, Sie können sie nicht ohne guten Grund entlassen.«

»Guter Grund? Nun, ich habe einen sehr guten Grund.«

Rita vergrub ihr Gesicht in den Händen und weinte noch heftiger. Ich begann zu ahnen, aus welchem Grund Frau Dr. Sauerwein Rita entlassen hatte. Hatte Rita jemanden *Speck* genannt? Mit *Body Shaming* ist nicht zu spaßen. Veronika wandte sich an die Hautärztin und schlug mit leiser Stimme vor: »Beruhigen Sie sich und erzählen Sie mir, was passiert ist.«

»Ich bin nicht aufgeregt«, sagte Frau Dr. Sauerwein mit rotem Gesicht, »aber, was sie getan hat ist unverzeihlich.«

Ich wusste, dass Rita schon mehrmals entlassen worden war, und zwar jedes Mal aus gutem Grund. Ich wollte gerne glauben, dass Veronika Frau Dr. Sauerwein davon überzeugen könnte, Rita eine zweite Chance zu geben, aber dem Tonfall der Hautärztin nach zu urteilen, war das unmöglich. Frau Dr. Sauerwein begann zu erzählen.

»Nun, stellen Sie sich die Situation vor, ich habe Rita in mein Büro gerufen.«

Als Schriftstellerin habe ich eine lebhafte Fantasie, und ich habe mir die Szene vorgestellt:

Rita, die einen weißen Laborkittel trug, betrat mit einem Lächeln im Gesicht das Büro von Frau Dr. Sauerwein, die keine Zeit verschwendete und mit energischer und schneller Stimme zu sprechen begann:

»Sie werden für die Untersuchung der Achselhöhlen der Patienten zuständig sein.«

Ich konnte mir vorstellen, wie Frau Dr. Sauerwein einer verängstigten Rita das Verfahren erklärte und Rita nur die Hälfte verstand, sich aber nicht traute, etwas zu fragen, aus Angst vor einer negativen Reaktion. Einige Minuten später öffnete Rita die Tür und ging mit einem Klemmbrett in der Hand in den Warteraum.

»Herr Hetz? Mit mir kommen.«

Ich brauchte mir Herrn Hetz nicht vorzustellen, er stand an der Rezeption, er war groß und dickbäuchig und beobachtete unser Gespräch mit Interesse. Meine Fantasie ging wieder an die Arbeit: *Herr Hetz folgte Rita in den Untersuchungsraum. Er blieb vor ihr stehen und wartete.*

Rita sagte: »Ich prüfe weiter.«

Herr Hetz kniff die Augen zusammen, ein leicht genervter Gesichtsausdruck, der üblich ist, wenn Deutsche auf jemanden treffen, der die deutsche Sprache nicht beherrscht. Rita hatte gelernt, dass sie dem Patienten die Behandlung erklären müsse. So stand Rita im Untersuchungsraum, legte das Klemmbrett auf den Schrank und zog ihre Handschuhe an.

»Ich werde betasten Ihre ...«

Rita weinte noch lauter. Die Stimme von Frau Dr. Sauerwein klang tiefer.

»Wissen Sie, was sie gesagt hat?«

Veronika schluckte mühsam und ich starrte Rita an, die untröstlich war. Frau Dr. Sauerwein wandte sich an Rita.

»Erzählen Sie Ihren Freundinnen, was Sie gesagt haben.«

Unter Tränen versuchte Rita etwas zu sagen, aber sie redete nur wirres Zeug und Frau Dr. Sauerwein fügte hinzu:

» Ich werde ihre Arschhöhle betasten. Anstatt Achselhöhle zu sagen, sagte sie Arschhöhle.«

Veronikas Gesicht wurde rot, und meins muss auch rot geworden sein.

»Das Schlimmste«, so Frau Dr. Sauerwein, »war, dass Herr Hetz seine Hose heruntergezogen hat. Dies ist eine Familienpraxis, niemand zieht hier die Hosen runter, wenn es nicht strikt notwendig ist.«

Jetzt war Herr Hetz an der Reihe zu nicken. Ich mochte mir ihn nicht mit heruntergelassenen Hosen im Behandlungsraum von Frau Dr. Sauerwein vorstellen. Ohne dass dies strikt notwendig wäre. Ich konnte mir vorstellen, wie die Ärztin den Raum betrat und das wahrscheinlich haarige Hinterteil von Herrn Hetz und eine überforderte Rita vorfand.

»Sie haben völlig recht, Frau Doktor«, sagte Veronika und ergriff Ritas Arm. »Nun gut, wir sollten später darüber sprechen.«

Frau Dr. Sauerwein schüttelte den Kopf.

»Es gibt nichts zu besprechen, Ihre Freundin ist gefeuert.«

Ich ergriff Ritas anderen Arm und wir verließen Frau Dr. Sauerweins Praxis.

Später rief mich Sabine an, um mir mitzuteilen, dass ich am nächsten Tag nicht wieder in ihre Praxis kommen bräuchte. Sie müsse sich auf ihre Mitarbeiterin verlassen können. Mein Verhalten am zweiten Arbeitstag alles liegen zu lassen und zu verschwinden, gefiel ihr nicht.

Es war wirklich schade. Ich hatte so schön auswendig gelernt »Praxis für Physiotherapie, guten Tag!« zu sagen und dabei das y richtig ausgesprochen.

Die Agatha Christie der Tropen

Krimis

Da meine Karriere als Rezeptionistin vorbei war, beschloss ich, etwas anderes zu machen. Seitdem ich in Deutschland angekommen war, hatte ich kaum geschrieben. Das Schreiben war schon immer meine Leidenschaft, aber in Brasilien wäre es nicht möglich gewesen, eine Karriere als Schriftstellerin zu wagen. Aber jetzt war ich in Europa. Wer weiß? Ich könnte die Agatha Christie der Tropen werden. Die Entscheidung, Kriminalromane zu schreiben, kam ganz natürlich. Über Verbrechen schreiben? Das kann ich mit links, ich bin schließlich in Rio de Janeiro aufgewachsen.

Das Ergebnis: Beim Frühstück, während ich mir einen Löffel Müsli in den Mund steckte, stellte ich mir vor, wie die Leiche des Opfers gefunden werden würde. Ich schnitt ein Stück Papaya ab und strich Butter auf den Toast, während ich daran dachte, wie ich den Kerl im zweiten Absatz die Treppe hinunterwerfen würde. Oder doch lieber den Mann im Anzug in der Eröffnungsszene abstechen? Das Teenager-Mädchen in dem Pool schwimmen lassen, in dem die Schauspielerin tot und mit weit aufgerissenen Augen schwebt? Nildos Stimme riss mich aus meinem mörderischen Delirium.

»Möchtest du noch etwas Kaffee?«, fragte er.

»Ja, mit Arsen und am besten gleich im ersten Kapitel.«

Ideen für Krimis:
Tag 01

#Tatort Erlangen
»João, wir haben eine Leiche.«
Inspektorin Maria Antonieta ... ermittelt.

Ideen für Krimis:
Tag 02

~~#Tatort Erlangen~~
~~»João, wir haben eine Leiche«.~~
~~Inspektorin Maria Antonieta ... ermittelt.~~

Rezensionen

Für den Anfang wäre es besser, über etwas zu schreiben, das ich gut kannte.

So begann ich mein erstes Projekt: ›Caipirinha und ein Tropfen Blut‹, das ich im Selbstverlag herausgegeben habe. Als Marketingstrategie habe ich das Buch an eine Gruppe von Leser*innen geschickt, die ihre Meinung über das Buch in Form von Rezensionen am Tag der Veröffentlichung der Welt mitteilen sollten.

Am Tag der Veröffentlichung war ich sehr aufgeregt und gleichzeitig versuchte ich mir einzureden, dass es keinen Grund zur Aufregung gäbe. Das Schlimmste lag doch hinter mir, oder? Ich hatte Monate damit verbracht, das Manuskript zu schreiben, die Geschichte zu verbessern, zu verzweifeln – und dann kam ich zu der Meinung, dass die Geschichte nicht stimmte, und ich beschloss, die Handlung zu ändern und den größten Teil des Textes neu zu schreiben – , dann das Lektorat, das Korrektorat, die Testleserinnen, die Auswahl des Covers, und schließlich wurde das Buch veröffentlicht.

Die Rezensionen trafen ein, und meine Nervosität nahm immer mehr zu. Das Gefühl ist unbeschreiblich. Jedes Mal, wenn ich mein iPad öffnete, befand ich mich in einem anderen Folterinstrument und wurde mit einer neuen Technik konfrontiert.

07.30 Uhr: Pfählung

Mein Körper wird von riesigen Pfählen durchbohrt, der Prozess beginnt im Anus und geht bis zum Mund. Wussten Sie, dass es drei Tage dauern kann, bis das Opfer stirbt?

08.00: Sarg der Folter

Ich werde in eine mobile Zelle gesteckt, die auf einem öffentlichen Platz aufgehängt wird, wo Kritiker*innen auftauchen und schreien, dass mein Buch schrecklich sei und keine Sterne auf Amazon verdiene.

09.00 Uhr: Rad der Folter

Meine Gliedmaßen werden an ein hölzernes Rad gebunden und meine Arme und Beine werden von den Henkern mit großen Metallhämmern geschlagen, danach werde ich auf einem öffentlichen Platz auf dem Rad aufgehängt, damit die Kritiker*innen sich austoben können.

10.00 Uhr: Ich beschließe, mein iPad zu verstecken und nie wieder ein Buch zu veröffentlichen.

Sie, liebe Leserin, lieber Leser, werden sich fragen, ob die Kritiken so schlecht waren. Nicht wirklich, aber bei fünf positiven Rezensionen habe ich mich an diese eine negative geklammert. Ich las sie immer wieder und grübelte über all die Dinge nach, die ich falsch gemacht hatte — ich hätte die Handlung noch einmal ändern sollen. Ich fühlte mich wie die schlimmste aller Kreaturen, da mein Baby, das ich so sorgfältig beschützt hatte, da draußen von herzlosen Kritiker*innen zerrissen wurde.

Ich konnte kaum glauben, dass meine Schriftstellerinnenkarriere so enden würde, bevor sie wirklich begonnen hatte. Ich hätte nie gedacht, dass die Veröffentlichung eines Buches mich so aufregen würde. War ich bereit für das Leben einer Künstlerin? Aber als ich in das Zimmer zurückkehrte, in dem ich schrieb und auch heute noch schreibe, und die Wand voller Papierausschnitte mit Ideen für die Geschichten sah, die ich noch schreiben möchte, wurde mir klar — es war lebensnotwendig, weiterzumachen.

Schließlich liebe ich es, Geschichten zu erzählen. Ein paar schlechte Kritiken würden mich nicht zum Schweigen bringen. Es gab so viele Geschichten, die ich erzählen wollte, und ich war mir sicher, dass jede einzelne von ihnen mir die Möglichkeit geben würde, eine bessere Schriftstellerin zu werden.

Ich teilte Manuela mit, wie es mir ging.

»Chris, hast du dir die Rezensionen von Stephen King auf Amazon angesehen? Er hat bereits mehrere Ein-Sterne-Bewertungen erhalten.«

Diese Möglichkeit hat mich noch mehr beunruhigt. Wenn mich schon drei Sterne fast umbringen, wie würde ich mich fühlen, wenn ich nur einen Stern bekäme?

Bei der Suche in den Foren für Indie-Autoren fand ich mehrere Artikel darüber, wie man die erste Ein-Stern-Bewertung überlebt. Ich habe mir die Rezensionen zu meinem Buch angesehen, zumindest hatte mir niemand einen Stern gegeben. Noch nicht. Aber dieser Tag würde sicher kommen, schließlich erhielt sogar Patrick Süsskinds ›Das Parfum‹, das ich für eine Perle der Literatur halte, Ein-Sterne-Kritiken und wurde als ›Dreck‹ bezeichnet und bekam Bemerkungen wie ›dieses Buch ist eine absolute Katastrophe‹ und ›so ein Schwachsinn‹. Ich weiß, dass jeder seine Meinung hat, aber muss man sich so respektlos gegenüber anderen äußern?

An dem Tag, an dem ich meine Ein-Stern-Rezension auf Amazon bekomme, werde ich mich damit trösten, dass ich in guter Gesellschaft bin.

Der Clown

Einige Wochen nach der Veröffentlichung meines Buches klingelte mein Handy und mein Herz schlug schneller. Es war ein gewisser Manfred, der mich fragte, ob ich die brasilianische Schriftstellerin sei.

»Ja, ich bin's«, antwortete ich, »Chris Gomes.«

Ob ich am Samstag Zeit hätte. Ich sagte, ich müsse im Terminkalender nachsehen – das war natürlich nicht nötig, denn abgesehen von einem Besuch in der Drogerie, um ein aluminiumfreies Deo zu kaufen, hatte ich keinen Termin. Ich antwortete Manfred, dass ich zufällig Zeit hätte. Worum es denn ginge?

»Es geht um eine Veranstaltung.«

Veranstaltung? Ich konnte es kaum fassen, ich fühlte mich wie eine echte Künstlerin. Manfred wollte mich für eine V E R A N S T A L T U N G buchen. War es an der Zeit vor meinem Auftritt, japanisches Mineralwasser und frisches Obst in meiner Garderobe zu verlangen?

»Haben Sie ein Clownskostüm?«, fragte Manfred am anderen Ende der Leitung.

Hatte ich ihn richtig verstanden oder handelte sich es um Verständnisschwierigkeiten?

»Aber ich bin Schriftstellerin«, sagte ich, um Missverständnisse rasch aus dem Weg zu räumen. »Wer hat Ihnen meine Nummer gegeben?«

»Das war Veronika von der Agentur.«

Ich hatte Veronika zwar gebeten, mich auf ihre Talentliste zu setzen, gemeint war aber für Lesungen, Buchmessen und Kulturprogramme.

»Was erwarten Sie von mir, Herr Manfred?«

»Unterhaltung. Ich eröffne ein Modegeschäft und möchte, dass meine Kundinnen und Kunden einen Anreiz haben zur Eröffnung zu kommen«.

»Modegeschäft? Keine Buchhandlung?«

»Sie können gerne Ihre Texte lesen.«

»Verkleidet als Clown?«

Oh mein Gott — dachte ich — was werden meine Freund*innen auf *Facebook* denken, wenn jemand ein Bild von mir postet? Vor allem meine brasilianischen Freund*innen? Ich habe allen erzählt, dass ich in Deutschland unabhängig veröffentliche. Bücher auf Deutsch, Portugiesisch und sogar zweisprachig. Autorin, Übersetzerin und Illustratorin, wenn es sein muss, und jetzt das ... in der Öffentlichkeit als Clown verkleidet auftreten?

»Frau Gomes, sind Sie noch da? Was sagen Sie dazu?«, fragte Manfred und sagte mir, was er mir zu zahlen bereit war — eine beträchtliche Summe, damit ich mich als Clown verkleide und außerdem konnte ich Werbung für meine Bücher machen. Vielleicht sollte ich ziemlich schnell eine lustige Geschichte mit Clowns schreiben, aber mir fiel nur der Killer-Clown aus Stephen Kings Buch ein.

Am großen Tag stand ich da — Chris Gomes — als Clown verkleidet vor dem Geschäft. Es war so heiß. Ich habe in dem rot-weißen Kostüm geschwitzt. Die orangefarbene Perücke juckte auf meiner Kopfhaut. Das Make-up schmolz langsam, tropfte mir von meinem Gesicht und ließ meine Augen tränen. Die Passant*innen auf dem Bürgersteig sahen mich misstrauisch an — ich glaube, sie dachten auch an Stephen Kings Clown.

Ich zog das Buch aus meiner Tasche — eine Ausgabe von ›Caipirinha und ein Tropfen Blut‹ — und begann zu lesen, wobei ich versuchte, mich telepathisch an einen Strand in Rio de Janeiro zu versetzen. Zwei blonde Frauen mit Handtaschen blieben stehen und hörten zu. Ein siebzigjähriges Ehepaar betrat den Laden, eine Gruppe von Kindern bat um ein Foto.

Dann kamen Rita und Manuela und machten den größten Krach, redeten gleichzeitig, machten Fotos, lachten und zogen die Aufmerksamkeit der Jugendlichen auf sich, die an der Bushaltestelle an der Ecke auf den Bus warteten.

Nachdem die Veranstaltung vorbei war – ich hatte mich umgezogen und mein hart verdientes Geld erhalten – dachte ich darüber nach, wie ich meinen Clown-Auftritt weniger peinlich gestalten könnte. Ich suchte eines der Fotos von mir im Kostüm und lächelnd mit meinem Buch in der Hand aus und schrieb einen langen Text, den ich auf *Facebook* postete. Ich als Clown in Deutschland, der gegen brasilianische Politiker protestiert. Nein, ich bezeichnete Politiker nicht als Clowns, das wäre ein Affront gegen Clowns. Fleißige Menschen, die zur Freude von Erwachsenen und Kindern beitragen. Es waren die Politiker, die uns zu Clowns gemacht haben. Ich schrieb, dass die brasilianische Gesellschaft intolerant, frauenfeindlich und konservativ geworden war.

Mein *Facebook*-Post wurde zum Hit mit Hunderten von *Likes* und *Shares*. Ich gebe zu, dass ich ein schlechtes Gewissen hatte, weil ich die Situation auf diese Weise ausgenutzt hatte, schließlich war es nicht meine Idee gewesen, mich als Clown zu verkleiden, um gegen die brasilianischen Politiker zu protestieren.

Aber ich überwand meine Gewissensbisse schnell, als Manfred mich anrief und fragte, ob ich am Samstag Zeit hätte. Ich sagte zu und teilte ihm mit, dass ich mich beim nächsten Mal anders verkleiden wolle – als Indianerin. Mit dem Handy in der Hand stellte ich mir schon meinen Protestpost auf *Facebook* vor, diesmal gegen die Abholzung des Amazonas-Regenwaldes.

Der ideale Tag

In einem Podcast hörte ich, dass man eine langandauernde Karriere am besten planen kann, wenn man sich vorstellt, wie ein idealer Tag für sich selbst aussehen würde. Ich wollte das ausprobieren. Wenn ich wählen könnte, wie würde mein idealer Tag aussehen? Von dem Zeitpunkt an, an dem ich die Augen öffne bis ich einschlafe?

So stelle ich mir meinen perfekten Tag vor: Ich erwache, die Laken duften herrlich nach Frühling, aus dem Fenster sehe ich die sich im Wind wiegenden Eichen und höre die Zaunkönige zwitschern. Ich meditiere eine halbe Stunde lang und dusche mich anschließend mit Zitrus-Seife, um den Kreislauf anzuregen. Der Frühstückstisch ist gedeckt: *Croissant* und *Latte Macchiato*, ein Stück Papaya und Orangensaft. Meine Assistentin Renate fragt mich, ob ich bereit bin zu schreiben, sie kümmert sich um alles andere. Ich gehe in mein Büro und beschäftige mich bis zur Mittagszeit mit meinen Geschichten.

Und die Realität?

Ich wache auf – die Laken sollte ich mal wieder waschen und die Vögel machen draußen Krach. Ich stehe auf und frage mich, warum ich so müde bin. Ich habe keine Zeit für eine halbe Stunde Meditation, und das bringt mich für den Rest des Tages aus dem Gleichgewicht. Milchkaffee und Haferflocken sehen unappetitlich aus. Aber worüber beschwere ich mich eigentlich?

Der perfekte Tag ist noch nicht vorbei. Ich werde von meiner Agentin Mereika zum Mittagessen in ein schickes Restaurant eingeladen. Mein Fahrer Roberto holt mich mit einer Limousine ab und fährt mich in eine nahe gelegene Stadt. Der Besitzer des Restaurants ist ein berühmter Koch, der Fernsehsendungen moderiert.

Er kommt an unseren Tisch und fragt, ob alles in Ordnung sei, und ich mache ein Foto mit ihm. Nicht für mich, sondern für Nildo, der zu Hause der Küchenchef ist. Ich weiß kaum, wie man Tee zubereitet, und wenn Nildo nicht kocht, beschränkt sich das Menü auf *Instant* Nudeln. Außerdem schaue ich mir keine Fernsehsendungen an, um Kochen zu lernen, das ist bei mir Zeitverschwendung. Wir machen das Foto und ich wende mich an meine Agentin Mareika.

Ich habe zwar keine Agentin, aber seitdem ich die französische Serie *Call my agent* gesehen habe, träume ich davon, welche Abenteuer ich mit meiner imaginären Agentin erleben würde, was mich zu dem Schluss führt, dass ich eine Macke entwickeln muss, wie sie Berühmtheiten oft haben. Ich glaube zwar, dass Autor*innen weniger anspruchsvoll sind als französische Schauspieler*innen, aber für den Fall, dass eine Agentin mich vertreten will, brauche ich einen Tick. Vielleicht verschwinde ich von Zeit zu Zeit, ohne eine Nachricht zu hinterlassen, schließe mich in einem Haus hoch oben in den toskanischen Bergen ein, um in Gesellschaft von Nildo mein Meisterwerk zu schreiben — ohne ihn würde ich schließlich verhungern.

Der Nachmittag meines perfekten Tages ist der Korrespondenz gewidmet. Ich beantworte Fan-Mails und schreibe Briefe, um sie per Post an Rita und Manuela zu schicken, denn Briefe zu schreiben wie früher ist viel romantischer; mit meinem Labrador durch die Felder spazieren zu gehen steht auch auf der Tagesordnung, denn es ist wichtig, sich an der frischen Luft zu bewegen. Um ehrlich zu sein, würde ich meine Nachmittage am liebsten vor dem Fernseher verbringen — natürlich um zu recherchieren, um zu wissen, was gerade in Mode ist, für welche Art von Geschichten sich das Publikum interessiert. Aber den Nachmittag auf dem Sofa zu verbringen, klingt nicht gerade glamourös.

Ich hatte schon immer eine Hassliebe zu meinem Fernsehgerät. Ich schaue viel zu gerne Filme und Serien, was dazu führt, dass ich stundenlang vor dem Zauberkasten sitze, ohne mich zu beschweren und fast ohne mich zu bewegen. Für jemanden, der viel schreiben will, ist das überhaupt nicht gut, was dazu führte, dass ich Schuldgefühle entwickelte, immer wenn ich meine Zeit vor dem Gerät verschwendete. So wie Menschen eine Essstörung entwickeln, habe ich wohl eine Störung mit meinem Fernseher entwickelt. Eine Fernsehstörung. Nein, das hört sich nicht gut an.

Mein perfekter Tag neigt sich dem Ende zu, und ich habe keine Lust auf Partys oder Lesungen in alten Bibliotheken, keine Lust auf eine Preisverleihung in einem historischen Saal, in dem Kellner mit Tabletts voller Sektgläser herumgehen. Nein. Ich will zu Hause sein, unter meiner Decke. Der perfekte Abend: Ich gehe früh ins Bett, weil ich gerne schlafe, und am nächsten Tag möchte ich mich einem Schreibmarathon widmen, denn ja, in der perfekten Welt widme ich mich dem Schreiben von zehntausend Wörtern pro Tag.

Was habe ich bei dieser Übung über den perfekten Tag gelernt? Was mir wirklich Freude bereitet, ist das Schreiben und die Vorstellung, eine Geschichte als Samenkorn zu sehen und die Möglichkeit, sie wachsen zu sehen, jeden Tag zu schreiben, trotz der Schwierigkeiten, die mit dieser Entscheidung verbunden sind. Ja, wenn ich an meinen perfekten Tag denke, dann habe ich Zeit und widme mich dem Schreiben. Ich sehne mich nicht nach weltweiter Veröffentlichung und wunderbaren Kritiken, ich sehe mich im Kampf mit meinem Text und im Prozess der Verfeinerung und Verbesserung der Erzählung wie eine Hebamme, die jeder einzelnen Geschichte hilft, das Licht der Welt zu erblicken.

Ich komme zu dem Schluss, dass ich den Hindernissen und Misserfolgen weniger Aufmerksamkeit schenken sollte und an dem festhalten sollte, was mir guttut. Wenn ich es mir recht überlege, ist mein perfekter Tag schon heute Realität, hier und jetzt, weil das Schreiben bereits Teil meines Lebens ist.

Kaffee und Kuchen

Rita lud mich zu Kaffee und Kuchen in ihrem Haus ein. Sie hatte Maiskuchen gebacken, da konnte ich nicht widerstehen. Ihre Kinder sahen im Wohnzimmer fern. Es duftete nach frischem Kaffee. Wir setzten uns an den Küchentisch. Rita schnitt ein Stück Kuchen ab und füllte meine Tasse mit Kaffee.

»Hast du dich schon erholt?«, fragte ich. »Wirst du Veronika um einen neuen Job bitten?«

Rita seufzte und spielte mit dem Stück Kuchen auf ihrem Teller.

»Glaubst du, Veronika wird mir nach diesem Fiasko noch eine Chance geben?«

Als ich an das Fiasko dachte, begann ich zu lachen.

»Das ist überhaupt nicht lustig«, sagte Rita verärgert.

»Es tut mir leid, Rita, aber es ist lustig, ich kann mir den Gesichtsausdruck von Frau Dr. Sauerwein vorstellen, als sie den haarigen Hintern von Herrn Hetz sah.«

Rita sah mich mit hochgezogenen Augenbrauen an.

»Woher weißt du, dass der Hintern von Herrn Hetz haarig ist?«

Ich lachte noch lauter und Rita schüttelte den Kopf.

»Und du willst ernsthaft Schriftstellerin werden?«, fragte sie, da sie das Thema wechseln wollte.

»Das war schon immer meine Bestimmung«, antwortete ich nun ernst.

»Aber warum unabhängig veröffentlichen?«

»Hallo!? Meine Texte veröffentlichen und kaum Geld damit verdienen? Das schaffe ich alleine.«

»Mädchen, bei dir ist eine Schraube locker.«

»Im Ernst, Rita, wir leben in einer wunderbaren Zeit. Als Autorin habe ich nicht nur die Freiheit, die Geschichten zu schreiben, die ich will und wie ich will, sondern auch, sie selbst zu veröffentlichen, ohne dass mir jemand vorschreibt, was ich tun darf und was nicht. Abgesehen vom finanziellen Aspekt.«

Rita nickte. Ich steckte ein Stück Kuchen in den Mund. Es schmeckte köstlich nach Mais.

»Aber hast du«, fragte Rita, »deine Angst vor Kritik überwunden?«

»Es ist keine Angst. Ich werde nur etwas aufgeregt, wenn mich fremde Leute immer wieder kritisch beäugen. Das ist so, als wäre ich Herr Hetz mit heruntergelassenen Hosen in der Praxis von Dr. Sauerwein.«

»An diese Geschichte wirst du dich für den Rest deines Lebens erinnern, nicht wahr? Pass auf! Du wirst dieses Geschehen in deinem Buch nicht erwähnen.«

»Oh, bitte! Du bist auf meiner Danksagungsseite.«

Rita schüttelte vehement den Kopf.

»Wenn ich ins Buch komme, dann nur anonym, verstanden?«

Ich nickte und aß ein Stück Kuchen. Rita sagte:

»Ich habe eine der Rezensionen gelesen und der Blogger71 schreibt, dein Buch sei hervorragend dafür geeignet, um es im Wartezimmer zu lesen.«

Ich habe kurz innegehalten.

»Wartezimmerlektüre?«, fragte ich.

»Ist das gut?«

Ich dachte darüber nach. Was ist eine Wartezimmerlektüre?

Zuerst, man sitzt im Wartezimmer umgeben von lauter Fremden. Kinder schreien oder spielen oder spielen und schreien. Das Letzte, was man will ist lesen. Man will, dass die Arzthelferin einen aufruft: »Frau Müller-Lüdenscheidt, Herr Dr. Klöbner, bitte kommen«.

Man will eine Spritze oder betastet werden.

Aber wenn man doch einen Text in den Händen hat und davon gefesselt wird. Dann vergisst man die fremden Leute, die öfter genervt auf die Uhr gucken. Wenn die ganze Aufmerksamkeit der Geschichte gilt, dann hat der Autor oder die Autorin solcher Wartezimmerlektüre etwas Großartiges geschaffen.

»Weißt du was, Rita? Herausforderung angenommen! Ich möchte solche Texte schreiben.«

»Dann solltest du für ein Magazin schreiben.«

»Nein, ich meine es ernst. Kurz, leicht zu lesen und unterhaltsam. Wenn ich das schaffe, werde ich stolz darauf sein. Es sollte auf meinem Cover stehen: Als Wartezimmerlektüre empfohlen.«

Rita schüttelte erneut den Kopf und ich schaute sie an.

»Apropos Rezensionen, hast du deine schon geschrieben?«

Instagram

Als ich mehr und mehr Zeit dem Schreiben und der Konzepterstellung meiner Bücher und meines unabhängigen Verlags *cgfernandes* widmete, vernachlässigte ich meinen *Instagram-Account*. Manuela rief mich über Signal an. Sie war sehr beschäftigt damit, eine IT-Lösung für ein Projekt zu entwickeln. Trotzdem machte sie sich Sorgen um mich.

»Chris, du brauchst neue Fotos für deinen Instagram-Account. Du weißt, wie wichtig soziale Medien für deine Marketingstrategie sind.«

Natürlich wusste ich das, aber erstens: Ich hatte keine richtige Marketingstrategie. Zweitens: Für die Verbreitung meiner Marke waren Bücher wichtiger. Also musste ich sie zuerst schreiben und sie dann vermarkten. Manuela akzeptierte meine Argumente nicht. Als erfolgreiche berufstätige Frau war sie überzeugt davon, man müsse Multitasking beherrschen.

»Ich kenne eine tolle Fotografin«, sagte sie, »die macht dir einen Sonderpreis.«

»Ich dachte, du bist meine Freundin, warum machst du nicht die Fotos? Gratis?«

»Wir brauchen einen Profi.«

Ich wusste nicht, ob ich diese Antwort im positiven Sinne verstehen sollte — dass Manuela meine Karriere fördern wollte, indem sie vorschlug, eine professionelle Fotografin zu engagieren. Oder im negativen Sinne — dass meine aktuellen Fotos amateurhaft wirkten und nur ein Profi die Situation verbessern konnte.

»Ich werde einen Termin mit ihr vereinbaren, okay?«, sagte Manuela, als wäre sie meine Agentin.

Am nächsten Tag schickte mir die Fotografin eine SMS mit dem Vorschlag, sie am nächsten Freitag vor dem Brunnen am Marktplatz in Erlangen zu treffen.

Sie schrieb auch, dass sie keinen Wert auf langweilige Posen und künstliches Lächeln lege. Die Fotos würden fan-tastic aussehen.

Am Freitag wachte ich früh auf und betrachtete mich im Spiegel. Ich dachte, dass mein müdes Gesicht und die Falten um meine Augen dem Gegenteil von fantastisch entsprachen — Älterwerden ist echt Scheiße!

Am Nachmittag traf ich Manuelas Fotografenfreundin auf dem Marktplatz. Rita begleitete mich mit einem kleinen Koffer voller Make-up-Produkte.

»Sind Sie Chris Gomes? Mein Name ist Ina. Ihr lockiges Haar wird auf den Fotos sensationell aussehen.«

Ina war eine junge Frau in ihren Zwanzigern mit grünen Haaren und Piercings im Gesicht.

»Wo sollen wir die Fotos machen?«, fragte ich.

»Wie wäre es mit ein paar hier? Schießen wir eines mit dem Markgrafendenkmal und andere im Schlosspark.«

Ich war einverstanden und Ina schaute mich mit einem durchdringenden Blick an.

»Was ist?«, fragte ich, weil ich dachte, ich hätte ein Stück Zwiebel im Gesicht. Ich hätte keinen Döner zu Mittag essen sollen.

»Ich kann deine Falten mit *Photoshop* verschwinden lassen, wenn du willst.«

Wow, wenn ich einen Schlag in den Magen bekommen hätte, hätte es weniger weh getan. Rita muss bemerkt haben, dass ich nicht in der Lage war, Entscheidungen zu treffen, denn sie zeigte auf den kleinen Koffer.

»Ein bisschen Make-up wirkt Wunder.«

Make-up und *Photoshop* — alles, was man für ein Wunder braucht.

»Weißt du was?«, sagte ich. »Schriftstellerinnen müssen ansprechbar bleiben, sie müssen Menschen sein. Ich möchte etwas Make-up. Vergessen wir *Photoshop*.«

Ina gratulierte mir zu meinem Mut. Fotos mit diesem Gesicht zu machen und nichts zu retuschieren? Ich brauchte einen Moment, um mich von dieser Bemerkung zu erholen. Meine Beweggründe waren weniger edel. Stellen Sie sich vor, meine Leserinnen und meine Leser sehen meine Fotos auf *Insta* und dann komme ich persönlich zu einer Lesung. Ich werde mit diesem Gesicht auftauchen und ich möchte nicht, dass die Enttäuschung groß ist: Hat diese Hexe die großartige Autorin verschluckt, die wir auf *Insta* lieben gelernt haben?

»Wie wäre es mit einer umgekehrten Taktik?«, fragte ich. »Fotografiere das Profil, das mir nicht gefällt, und übertreibe mit den Falten, damit alle, wenn sie mich persönlich treffen, erstaunt sind und mich für wunderhübsch halten.«

Ina hasste die Idee und Rita auch.

»Also gut«, sagte Ina, »lass uns die Fotos machen, wir haben nicht den ganzen Tag Zeit.«

Im Zeitalter von *Instagram* und Co. muss man an alles denken. Die Farbe des Outfits muss mit dem *Feed* harmonieren. Haare, Hintergrundlandschaft, *Feed, Feed, Feed.* Auch die Inszenierung muss etwas Besonderes haben, nur kein langweiliges Foto. Ich versuchte also die Statue des Markgrafen Friedrich zu umarmen, was sich als ziemlich unangenehm herausstellte.

»Lass uns in den Schlosspark gehen«, schlug Ina vor und ging, ohne auf eine Antwort zu warten.

Rita und ich gingen ihr hinterher. Ich trug eine rote Bluse, denn ich liebe Rot. Viele Menschen spazierten durch den Schlosspark. Aus dem Springbrunnen sprudelte Wasser. Ina deutete in die Nähe der Steinstatuen.

»Warum setzt du dich nicht auf den Boden?«

Ich wollte antworten, dass ich auf dem Boden nichts zu suchen hätte, aber Rita war auch der Meinung, dass das Foto gut aussehen würde.

Ich setzte mich also auf den Boden und lächelte, obwohl die Kieselsteine meinen Hintern piekten und das ziemlich schmerzhaft war.

»Mehr zur Seite«, sagte Ina und machte mehrere Fotos mit ihrer professionellen Kamera.

Ich rutschte ein wenig zur Seite.

»Zu der anderen.«

Ich rutschte zu der anderen.

»Nein, so nicht, und was ist das für ein Gesicht?«

Na, welches Gesicht? Verdammt. Was hat Ina erwartet? Ich bin keine Masochistin. Ich saß auf winzigen Kieselsteinen, die mir am Hintern wehtaten.

»Lächeln, Chris!«

Ich lächelte. Ich dachte, ich hätte eine Stellung gefunden, in der ich den stechenden Schmerz der Kieselsteine auf meiner Haut ignorieren konnte. Dann spürte ich, wie etwas an meinen Beinen hochkrabbelte, und mit Schrecken stellte ich fest, dass der Boden mit schwarzen Ameisen übersät war. Ich sprang auf.

»Das ist super, Chris!«, sagte Ina aufgeregt. »Weiter so, Bewegung. Lass uns springen!«

Ich hüpfte und fragte mich währenddessen, ob das wirklich eine gute Idee war, denn meine Bluse rutschte hoch, mein Haar verdeckte mein Gesicht, und meine Arme bewegten sich ungraziös. Es dauerte nicht lange, da war ich außer Atem, schwitzte und mein Make-up schmolz zusammen mit meiner Überzeugung, dass eine ernsthafte Schriftstellerin sich so verhalten würde.

»Sind die Bilder gut geworden?«, fragte ich atemlos.

Fantastische Fotos wären zumindest ein Trostpflaster.

Ina sah sich die Bilder auf dem winzigen Bildschirm ihrer Kamera lange an.

»Hast du morgen Zeit?«, fragte sie mich und machte mir damit klar, dass meine Bemühungen umsonst gewesen waren und wir den Fototermin wiederholen müssten.

Brasilien x Deutschland

Die neuen Fotos auf *Instagram* hatten etwas gebracht. Eine deutsche Online-Zeitung bat mich, einige Artikel über die kulturellen Unterschiede, die es in Brasilien und Deutschland gibt, zu schreiben. Hier folgen ein paar von ihnen:

Verabredungen

Ich stelle mir vor, dass ich, wenn ich wieder in Brasilien bin, ein Treffen mit meinen Freundinnen und Freunden planen werde. Tag und Uhrzeit. Etwa so: Maria Clara, wie wäre es, wenn wir uns am Freitag um halb acht vor der *Churrascaria* – dem Steakhaus – am Strand von Botafogo treffen? Maria Clara sieht sich die Nachricht an, ohne den Sinn zu verstehen, und schickt mir zwei Minuten später die Antwort: Wenn du ankommst, rufe mich bitte an! Übersetzt: Wenn das Schicksal will, dass wir uns treffen, werden wir es tun.

Ich werde es nicht seltsam finden, wenn meine Freundinnen mir Nachrichten mit staunenden *Smileys* schicken und schreiben, wie sehr ich mich verändert habe und wie ›deutsch‹ ich geworden bin. Und das ist sicherlich nicht als Kompliment gemeint.

Einmal lud uns ein Freund von Nildo ein, ihn zu treffen, und zwar genau ein Jahr später, am 29. Juli um 18.00 Uhr. Wirklich? Nächstes Jahr? Ich weiß nicht einmal, ob es die Welt bis dahin noch geben wird. Vielleicht habe ich mich von Nildo getrennt oder ich bin nach Tibet gezogen, um eine Kung-Fu-Nonne zu werden.

Aber vielleicht hat es ja auch etwas Gutes, sich mit Leuten zu verabreden und sicher zu sein, dass sie nicht nur erscheinen, sondern auch pünktlich sein werden.

Als ich in Brasilien Freundinnen und Freunde zu meinem Geburtstag einlud, antwortete kaum jemand. Wie viele Gäste werden am Tag der Party auftauchen? Es ist immer eine Überraschung. Ich habe dreißig eingeladen und drei von ihnen sind gekommen. Im folgenden Jahr lud ich zehn ein und fünfzig kamen durch die Tür meines Hauses.

In Deutschland muss eine Einladung im Voraus beantwortet werden, das gehört zum guten Ton. Wenn der Gast sagt, dass er kommt, kann er es sich nicht in letzter Minute anders überlegen. In Deutschland ändert man seine Meinung nur, wenn der Gastgeber genügend Zeit hat, seine Pläne zu ändern. Wenn der Gast sagt, dass er nicht kommt, sollte er nicht unerwartet auftauchen – er wird kein Essen bekommen.

Wenn in Brasilien eingeladene Freund*innen nicht auftauchen, entschuldigen sie sich nicht einmal. Schließlich ist nicht viel passiert, und der Gastgeber selbst hat schon einige Partys in seinem Leben ohne Vorankündigung ignoriert. Am Ende ist niemand beleidigt. Ob man in Deutschland befürchten muss, auf der Liste der ›*Persona non grata*‹ zu landen? Wahrscheinlich. Ich kann es nicht bestätigen, da ich in Deutschland immer erscheine, auch wenn nicht unbedingt pünktlich.

Dunkelheit

Meine Freundinnen in Brasilien können nicht verstehen, wie ich an einem so kalten Ort leben kann. Es ist wahr, dass Menschen in Rio de Janeiro bei sechzehn Grad Celsius einen Wintermantel tragen. Wenn ich Fotos poste, auf denen überall Schnee zu sehen ist, fragen sie mich, ob ich den ganzen Winter über zu Hause eingesperrt bleibe. Ich antworte, dass es hier, wo ich lebe, Wochen gibt, in denen es sehr kalt ist, aber es gibt Orte mit viel strengeren Wintern, und selbst dort versuchen die Menschen, ein normales Leben zu führen.

Was mich im Winter wirklich stört, ist nicht die Kälte, sondern die Dunkelheit. Es ist drei Uhr nachmittags und das Licht beginnt sich zu verändern. Um vier Uhr scheint es sechs Uhr zu sein, und um fünf Uhr glaubt man, es sei zehn Uhr abends.

Gegen Kälte kann man geeignete Kleidung tragen und die Heizung aufdrehen, aber gegen Dunkelheit gibt es keine Lösung, außer sich eine Lampe zu kaufen.

Wenn es draußen dunkel wird, gehe ich früh nach Hause und mache es mir gemütlich mit einem heißen Tee und einem Marathon meiner Lieblingsserie. Es besteht auch die Möglichkeit, nach Brasilien zu reisen, denn während in Deutschland Winter ist, ist in Brasilien Sommer. Es lohnt sich auf jeden Fall, der Dunkelheit keine Macht zu geben, dem Kinderschreck, der uns wie die *Dementoren* in Harry Potter unsere Energie und Hoffnung rauben will, und wie bei Harry Potter lohnt es sich, den mächtigsten aller Zaubertricks anzuwenden: die Erinnerung an glückliche Momente, an sonnige Tage und an die Menschen, die uns lieben. Und mit diesem Zauber werden wir die Wintermonate geschützt überstehen.

Eigentlich sollte ich mich nicht über den Winter beschweren, schließlich sind Kälte und Dunkelheit die perfekten Ausreden, um stundenlang Geschichten zu erfinden. Ich bekomme die Erlaubnis, mich in einen Winterschlaf zu begeben und mich mit meinem Laptop oder meinen Notizbüchern in einem Raum einzuschließen.

Im Sommer ist es für mich wie eine Verpflichtung, den Tag zu genießen, frische Luft zu schnappen und Sonne zu tanken. Ich habe sogar ein schlechtes Gewissen, wenn ich an einem sonnigen Sommertag den ganzen Tag in meiner Wohnung verbringe, ohne einen Spaziergang im Freien zu machen. Im Winter gibt es keine Schuldgefühle. Ich darf mich einschließen, und wenn die Dunkelheit den Kampf gegen das Licht gewinnt, finde ich Zuflucht in den fernen Ländern, die ich in meiner Vorstellung heraufbeschwöre.

Die Stadt, in denen meine humorvollen Krimis spielen und in denen ich Adriana, Michael und *Delegado* Silva treffe, hat wenig Ähnlichkeit mit der realen Stadt, und das Beste an der Fiktion ist, dass die Nachbarschaft gefährlich sein kann oder auch nicht; das ist alles eine Frage der Wahl. Die Figuren können sich aufhängen oder durch die Straßen tanzen und kitschige Songs singen. Diejenigen, die meine Bücher kennen, wissen, dass ich eher zu der zweiten Option neige. Wenn ich eine bessere Welt schaffen kann, warum sollte ich mir dann einen deprimierenden Ort aussuchen? Die Realität ist deprimierend genug. In meiner Fiktion scheint die Sonne das ganze Jahr über.

Der Sommer

Der Sommer wiederum bringt zusätzliche Vorteile in Europa. Es ist acht Uhr abends und die Sonne scheint immer noch. Die Tage werden länger und die Gesichter schmücken sich mit Lächeln. Die Sehnsucht gilt den Parks, den Bergen und den Seen. Die Blumen, die im Frühjahr zu blühen begannen, erreichen den Höhepunkt ihrer Schönheit. Rhododendren, Rosen und Narzissen. Der Körper hungert nach Sonne, nach Luft und nach Erde und er vergnügt sich auf einem Handtuch im Gras oder auf einem Fahrradsattel. Genießen wir es alle, denn all das ist vergänglich. Vielleicht ist es etwas, das nur Menschen begreifen, die in einem gemäßigten Klima leben, denn alles verändert sich, alles kommt zu Ende, um in einem unendlichen und unveränderlichen Kreislauf von Neuem zu beginnen.

Es ist eine Ironie des Schicksals, wenn man sagt, dass das einzig Unveränderliche darin besteht, dass der Wandel ein wesentlicher Bestandteil des Lebens ist. Um dieses Konzept nicht nur mit dem Verstand zu verstehen, gibt es nichts Besseres als ein Jahr in Europa zu verbringen. Im Sommer gehen wir alle Eis essen und Bier trinken. Baden und Radfahren. Wir sehnen uns nach dem Meer und den Treffen mit Freund*innen zum Grillen. Nach nur zwei oder drei Monaten und mit jeder neuen Dämmerung taucht die melancholische Gewissheit auf, dass wir uns langsam dem Ende des Sommers nähern. Der Herbst wird mit seinen kalten Fingern kommen und die Dunkelheit wird das Lachen und das warme Gefühl der Sonne auf unserer Haut verschwinden lassen und nur Erinnerungen hinterlassen.

Die Artikel in der deutschen Online-Zeitung waren ein Erfolg: Sie wurden von zehn Personen gelesen! Alle zehn waren mir nicht bekannt. Keine von ihnen ist mit mir blutsverwandt. Durch die Veröffentlichung wurde eine andere Online-Zeitung auf mich aufmerksam und sie bat mich um eine Geschichte über ein ungewöhnliches Abenteuer in Rio de Janeiro. Ich erinnerte mich an eine kuriose Episode, die Nildo und ich erlebten, als wir in Brasilien meine Familie besuchten. Da hatte ich Nildo von *der Rede* erzählt.

Die Rede

In Rio de Janeiro ist eines der gewagtesten Dinge, die man tun kann, einen Bus zu nehmen. Vor allem sollten Sie dafür in guter körperlicher Verfassung sein. Es ist wie bei einem Wettkampf: Trainieren Sie Ihr Tempo, um in den Bus einzusteigen, das Drehkreuz zu passieren und sich so schnell wie möglich hinzusetzen — wenn ein Platz frei ist. Wenn nicht — halten Sie sich an den Eisenstangen fest, spannen Sie Ihre Bauchmuskeln an und versuchen Sie gut stehen zu bleiben, damit Sie nicht auf die anderen Fahrgäste geschleudert werden. Ich habe Nildo das alles genau erklärt, bevor wir in den Bus gestiegen sind, aber Nildo hat mir nicht gut zugehört. Als er es schließlich schaffte, sich neben mich zu setzen — mit zerzaustem Haar und schnaufend — sagte er aufgeregt, er werde den Fahrer wegen gemeingefährlichen Fahrens anzeigen.

»Nildo, wir sind in Brasilien«, lautete meine Antwort.

Er beruhigte sich ein wenig, bis der Bus anhielt und ein Mann mit einem Rucksack und einem Paket in der Hand einstieg und anfing die Fahrgäste anzusprechen. Nildo verspannte sich wieder und fragte:

»Werden wir ausgeraubt?«

»Nein, Nildo, denkst du, ein Straßenräuber würde uns begrüßen?«

Nildo sprach kaum Portugiesisch, aber normalerweise versteht er *bom dia, boa tarde e boa noite* — Guten Morgen, guten Tag und guten Abend. Und der Mann hatte *boa tarde* gesagt. Ich erklärte Nildo, worum es ging: Der Typ war ein Straßenverkäufer, der vor allem *Bananada* verkaufte, also eine Süßigkeit aus Bananen. Sie hat in der Regel eine viereckige Form, die Konsistenz variiert von weich bis hart und die Farbe ist dunkel wie Kohle.

Ich habe keine Ahnung, ob in diesen *Bananadas*, die in Bussen verkauft werden, tatsächlich Bananen enthalten sind, aber wir Brasilianer*innen lieben sie.

Dieser Verkäufer hat *die Rede* gehalten. Mehr oder weniger so:

»Guten Tag, meine Damen und Herren, liebe Passagiere. Ich möchte Ihnen heute folgendes Angebot vorstellen: Ein Päckchen *Bananada* für einen Real, um Ihnen die Reise zu versüßen. Sehen Sie, ich könnte da draußen sein und Leute ausrauben und sie sogar töten, aber ich bin hier und verdiene mein Geld auf ehrliche Weise. Wer möchte ein Päckchen? «

Ich erläuterte Nildo:

»Ich weiß nicht, wer die Rede erfunden hat, aber sie hat sich im ganzen Land verbreitet und wird von den Straßenverkäufern mit großem Erfolg angewendet. Ich kann mir vorstellen, dass sie sogar im Ausland verwendet wird.«

»Ich finde diese Rede ziemlich makaber. Ich würde keine *Rabanada* kaufen wollen.«

»*Bananada*, Nildo, *Rabanada* ist eine andere Süßigkeit.«

Aber zurück zu der Rede: Sie funktionierte. Viele Leute im Bus kauften *Bananada*, denn viele von ihnen wollten den Typ sicher unterstützen und ihn von der Versuchung befreien, sein Geld auf unehrliche Weise zu verdienen. Ich fragte Nildo:

»Meinst du, ich könnte die Rede nutzen, um meine Bücher zu verkaufen?«

Nildo starrte mich stirnrunzelnd an und antwortete:

»Diese Art von Humor verstehen die Leute in Deutschland nicht.«

»Humor? Ich habe es ernst gemeint.«

Am Ende des Tages, als es schon dunkel war und wir uns auf dem Weg zum Hotel befanden, zwang uns ein Geräusch in der Nähe der Mülltonnen zum Anhalten. Mein Herz klopfte, mein Atem ging schneller, mein Kopf war voller Bilder – ist es ein Psychopath mit einem Messer? Ein Räuber mit einer Pistole? – Es war nur eine Katze, die mit dem Müll spielte.

Ich seufzte erleichtert und wandte mich an Nildo: »Gut, dass der Typ, der hier sein könnte, um uns auszurauben und zu ermorden, sein Geld mit dem Verkauf von *Bananada* im Bus verdient.«

Nildo nickte und sagte, dass er am nächsten Tag auf jeden Fall eine *Rabanada* kaufen würde.

Nur um das klarzustellen:

Rabanada (Substantiv, Feminin): [Kulinarisch] Eine in Milch eingeweichte und gebratene Brotscheibe, die mit Ei bestrichen wird und gewöhnlich mit Zucker und Zimt oder Sirup bestreut serviert wird.

Bananada (Substantiv, Feminin): [Kulinarisch] Süßigkeit aus Bananenfruchtfleisch.

Abschied

Städte

Eines Tages kam Nildo mit einer Neuigkeit von der Arbeit: Man hatte ihm eine Stelle in Wien angeboten.

Einerseits war ich traurig, mich von meinen brasilianischen Freundinnen in Erlangen zu verabschieden. Andererseits tauchte die Möglichkeit auf, in der Hauptstadt Österreichs zu leben. Es ist möglich, sich in Städte zu verlieben. Meine erste Liebe galt Rio de Janeiro — die wunderbare Stadt — mit ihren Hügeln und Stränden, ihrer natürlichen Schönheit, voller Kurven. Rio ist wunderschön und ihre Straßen sind voller Leben, Farben und Gerüche. Das bunte Treiben ist ansteckend, und die Bewohner*innen von Rio de Janeiro gewöhnen sich auch an die weniger schönen Seiten — an die Kinder, die auf der Straße leben, an die Brutalität an den Straßenecken — und all das ist Teil eines unverfälschten Porträts einer Stadt mit einem besonderen Charme.

Die zweite Stadt, in die ich mich verliebte, war Wien mit ihrer klassischen Architektur, ihrer Geschichte, eine Stadt für Tourist*innen. Ein Denkmal nach dem anderen. Die Straßenbahnen, die Museen, die klassische Musik. Traditionelles vermischt sich mit Neuem. Mit Restaurants, die in New York oder Berlin ihre Adresse haben könnten.

Vor unserem Umzug traf ich Rita und Manuela in einer Bar in Erlangen. Wir bestellten Caipirinhas und schwelgten in Erinnerungen an unsere guten und schlechten Zeiten. Ich versicherte ihnen, dass es keinen Grund zur Traurigkeit gäbe.

Wien war gleich um die Ecke und wir würden in Kontakt bleiben. Außerdem wusste ich, dass ich irgendwann nach Erlangen zurückkehren würde. Sie nickten mit dem Ausdruck derjenigen, die wissen, dass man aufgrund der räumlichen Entfernung nicht mehr so oft miteinander reden würde und dass unsere Freundschaft zu einem vergessenen Foto in unseren Handys werden könnte, und dass uns Facebook eines Tages in der Zukunft eine dieser Erinnerungen an einem besonderen Datum aus seinem Archiv schicken würde. Und auch wenn es nicht meine Absicht gewesen war, fand ich mich mit geschwollenen und verweinten Augen und dem Gefühl wieder, dass mein Leben für immer eine Aneinanderreihung von Abschieden sein würde.

Eine Woche später zogen Nildo und ich nach Wien. Ich war gleichzeitig traurig und glücklich. Tief in meinem Herzen war ich schon mit Österreich verbunden. Ein Volk, das Torte bäckt und sich mit Mahlzeit grüßt, hat schon etwas an sich. Wahrscheinlich habe ich in Brasilien zu oft den Film Sissi gesehen. Wien ... Strauss, Cafés, Sachertorte und Donau.

Von meiner netten Nachbarin aus Erlangen hatte ich mich nicht persönlich verabschiedet. Ich konnte keine weiteren roten und geschwollenen Augen ertragen. Wir entschlossen uns Briefe zu schreiben.

Der erste Brief, den ich ihr schickte, war unkompliziert. Ich berichtete über unsere neue Wohnung in Wien, 100 m^2, 3 Zimmer, Traumküche, Bad, WC, Holzböden, sehr hell, ruhig. Wie es in der Zeitungsannonce stand. Ich schrieb auch: Die Traumküche ist ganz klein, Nildo beschwert sich deshalb.

Indianer

Als ich in Österreich ankam, packte mich ein seelischer Hunger nach Couscous. Jedes Land hat seinen eigenen Geschmack. Jedes Land hat seine Rezepte, Aromen und Gewürze: süß, bitter, sauer, scharf. Einen Geschmack, den man nicht nur mit der Zunge wahrnimmt, sondern mit dem ganzen Körper. Wenn man dieses Hungergefühl verspürt, weiß man, dass es nicht nur ums Essen geht. Es ist eine Art von Hunger, die nichts mit physischen Bedürfnissen zu tun hat. Couscous findet man in Nordafrika, in arabischen Ländern, in manchen Regionen Italiens. In Brasilien gibt es auch eine Speise, die Couscous genannt wird, aber im Gegensatz zu ihrem salzigen Cousin aus Weizen, ist sie süß – gekocht aus *Tapioca*, Milch, Zucker und geriebener Kokosnuss. *Tapioca* sind kleine weiße Kugeln aus Maniok, welche die Indianer zum Kochen verwenden. Als ich zu Nildo sagte, dass ich Couscous essen wollte, schlug er vor in ein arabisches Restaurant zu gehen.

»Arabisches Restaurant? Ich möchte Couscous aus *Tapioca* essen. Das Couscous der Indianer.«

Ich erzählte ihm voller Begeisterung, wie die Ureinwohner Amerikas *Tapioca* aus Maniok gewinnen. Mitten im Wohnzimmer meiner Wiener Wohnung sprach ich über die Indianer*innen, als ob ich eine von ihnen wäre. Ich, die immer in einer großen Stadt gelebt hatte und nur zweimal im Leben Indianer*innen getroffen hatte. Nildo, als deutscher Wiener, verstand nicht, warum ich unbedingt Couscous aus *Tapioca* essen wollte. Er fragte mich, ob ich in Brasilien jeden Tag Couscous auf indianische Art gegessen hätte. Sicher nicht. Schnell verwandelten sich die Brasilianerin in die Südamerikanerin und der Deutscher in den Europäer.

Ich sagte, dass er als Europäer kein recht hätte, sich über meine Vorliebe für indianische Speisen zu äußern. Europäer hätten die Indianer ausgebeutet und getötet. Mehr als fünfhundert Jahre Geschichte warfen ihren Schatten in unser Wohnzimmer. Nildo verteidigte sich und meinte, dass ich nur zu einem Drittel indianisch sei – wenn überhaupt – und zu einem weiteren Drittel europäische Wurzeln hätte. Ich wusste nicht, was ich antworten sollte, und warf ihm vor, als Europäer zu wenig über die Geschichte oder über die Esskultur Südamerikas zu wissen.

Grundsätzlich habe ich recht. Die Indianer*innen heißen so, weil die Europäer des sechzehnten Jahrhunderts zu Hause nur fades Essen bekamen. Sie entschlossen sich, Indien auf einem schnellen Weg zu erreichen, um ein paar Gewürze nach Hause zu bringen. In Indien gab es nicht nur Pfeffer, sondern auch viele andere Aromen und Gewürze, die das Essen schmackhafter machen. Die Spanier vertan sich mit der Orientierung und sie stießen zufällig auf den neuen Kontinent. Die nackten Bewohner*innen, welche die Europäer im Land *entdeckten*, nannten sie Indianer: die Bewohner Indiens. Als sie den Fehler bemerkten, war es zu spät. Geschichte war schon geschrieben worden.

Die meisten Indianer*innen ernährten sich von Mais und Maniok, jedoch gab es auch einige, die Europäer aßen, wie wir aus Geschichtsbüchern erfahren können. Ich bezweifle, dass den Indianer*innen Spanier mit Mangosauce oder Portugiesen mit Fisch wirklich schmeckten. Wenn man bedenkt, dass diese ersten Europäer ein ganzes Leben lang eine geschmacklose Nahrung zu sich genommen hatten. Man würde wahrscheinlich eine Menge Pfeffer und Salz bei der Zubereitung von Europäern brauchen, damit sie gut schmecken. Die wenigen Indianer*innen, die Kannibal*innen waren, glaubten, die Kraft des Feindes durch die Aufnahme ihres Körpers zu gewinnen. Sie glaubten, dass sie ihren Mut stärken können, indem sie die Krieger verschlangen.

Ich kann mir das erstaunte Gesicht des kleinen Indianers vorstellen, der das weiße Fleisch, das von einem europäischen Eindringling stammte, auf seinem Bananenblattteller vorfand.

»Mutti, muss ich das wirklich essen?«

Und die Mutter schon genervt: »Mahlzeit, Indianer!«

Aber das war lang her. Die Europäer kamen mit Kreuz, Kleidung und Kirche und natürlich mit Tischmanieren. Oder hatten sie doch keine Tischmanieren? Aber die drei K bekamen die Ureinwohner*innen Amerikas zu spüren. Die Schiffe, die an der Küste Brasiliens landeten, hatten nicht nur portugiesische Soldaten, sondern auch katholische Priester an Bord. Das Erste, was die Kolonisatoren machten, war ein riesiges Kreuz aufzustellen, um zu zeigen, dass Brasilien ab diesem Zeitpunkt zu einem Land Gottes geworden war. Danach wurden die Indianer*innen bekleidet, Kirchen errichtet, das Land ausgebeutet und Indianer*innen getötet. Zwischendurch wurde gebetet, wie es sich in einem Land Gottes gehörte. Später würden diese Schiffe auch afrikanische Sklaven nach Brasilien bringen. Aus der Mischung von Europäern, Afrikanern und Indianern entstand das brasilianische Volk.

Von den katholischen Priestern wurden der katholische Glaube und die christlichen Feiertage eingeführt. Weihnachten zum Beispiel.

In Brasilien habe ich viele Verwandte. Der Heilige Abend ist eine Gelegenheit, alle an einen Tisch zu bringen. Der Tisch muss groß und lang sein und es wird besonders gut aufgekocht: Truthahn, Schinken, Reis mit Rosinen, Armer Ritter, *Panettone*, der in Brasilien genauso beliebt ist wie in Italien. So viele Speisen werden zubereitet, dass eine große Familie einen ganzen Monat davon leben könnte. Die Stimmung ist fröhlich: Die Kinder laufen herum, die Frauen unterhalten sich miteinander, bis jemand etwas Falsches sagt und alle zu streiten beginnen.

Man darf nicht vor Mitternacht zu essen beginnen. Meine Cousine sagte immer, sie wolle nur Obst essen, jedoch lag am frühen Morgen eine Truthahnkeule auf ihrem Teller.

In Österreich wird ganz anders gefeiert. Am Tisch sitzt nur unsere kleine österreichische Familie. Ohne Kinder. Wir haben im Wohnzimmer einen Weihnachtsbaum, der mit Kerzen geschmückt ist. Einen echten Baum. In Brasilien sind die Weihnachtsbäume aus Plastik, geschmückt mit elektrischen Lämpchen. Während ich in der Wohnung meiner Schwiegermutter Suppe esse, sind meine Gedanken bei der großen Familie in Brasilien. Ich habe Hunger, jedoch schmeckt mir die Suppe nicht. Es fehlt etwas. Meine Schwiegermutter räumt die Suppenteller ab und kommt gleich wieder aus der Küche zurück.

»Schau! Ein Truthahn.«

Sie sagt, der Indian sei fertig. Der Indian? Niemand kann mir erklären, warum der Truthahn in Österreich Indian genannt wird. Der Name gefällt mir und wer hätte das gedacht? Der Indian schmeckt genauso wie der Truthahn meiner Mutter. Ich stille meinen Hunger mit einem Stück Indian. Es schmeckt nach Heimat.

Tabu

Nildo fragte mich, ob ich Lust hätte, ein paar Bekannte aus seiner Schulzeit zu treffen. Ich hatte nichts dagegen, und so rief mich Sylvia an, um einen Termin zu vereinbaren. Sylvia und Stephen wohnten in Hernals, im 17. Bezirk. Am Anfang hatte ich Schwierigkeiten, ihren Wiener Akzent zu verstehen. Sylvia fragte mich, ob wir uns am Freitag treffen könnten.

»Freitag ist in Ordnung«, sagte ich.

»Viertel sieben?«

»Viertel sieben.«

Am Freitag, als Nildo und ich uns umzogen, fragte ich, in welch einer Beziehung er mit diesen Bekannten stand.

»Sind sie nicht deine Freunde?«

Mir fiel die Angewohnheit in Deutschland — und anscheinend auch in Österreich — Freund*innen und Kolleg*innen zu unterscheiden, immer noch schwer.

»Es sind keine Freunde, aber sie sind ganz nett.«

Nildo klang nicht überzeugend und gestand, nachdem ich ihn mit weiteren Fragen bombardiert hatte, dass es eine Rivalität zwischen ihnen gab. Sie verglichen ständig ihr Leben und ihre Erfolge miteinander und jeder von ihnen wollte der oder die Beste sein.

»Was für ein kindisches Verhalten!«, sagte ich. »Wichtig ist, dass man Begegnungen feiert und schöne Momente miteinander teilt.«

Nildo meinte, dass Sylvia wahrscheinlich neidisch sein würde, weil ich Schriftstellerin bin.

»Ach, wirklich?«, fragte ich wie nebenbei.

Dann beschloss ich, dass ich anstatt Jeans und T-Shirt ein schickes Kleid tragen würde, das ich in einer Boutique in *Ipanema* gekauft hatte.

Wir kamen um 19.18 Uhr mit einer Flasche Rotwein in der Wohnung von Sylvia und Stephen an. Sie öffneten uns die Tür.

Beide waren groß und körperlich fit, was darauf hindeutete, dass sie Sport trieben. Stephen wandte sich an Nildo:

»Du bist spät dran.«

Nildo schaute auf seine Uhr.

»Meckerst du wegen ein paar Minuten?«

»Minuten?«, Stephen hob die Augenbrauen. »Eine Stunde.«

»Eine Stunde?«, Nildo schaute zu mir. »Du hast mir sieben Uhr fünfzehn gesagt.«

Ich schaute in Sylvias Richtung.

»Sie hat mir das gesagt.«

»Ich habe viertel sieben gesagt«, antwortete Sylvia.

»Das stimmt«, bestätigte ich, »viertel sieben.«

Nildo griff nach meinem Arm und flüsterte mir ins Ohr:

»Viertel sieben ist sechs Uhr fünfzehn.«

Ich runzelte die Stirn. In welcher verdrehten Welt bedeutet viertel sieben sechs Uhr fünfzehn?

»Es ist verständlich«, erklärte Stephan, »sie ist Brasilianerin, sie kann kaum Deutsch.«

Mir kochte das Blut in den Adern und ich wollte antworten, dass *sie* Deutsch kann, was *sie* nicht kann ist Österreichisch.

Nildo gab Stephen den Wein und Sylvia hängte unsere Mäntel auf. Wir folgten ihnen ins Wohnzimmer. Die Wohnung hatte einen traditionellen Stil mit schweren Möbeln und hohen Decken. Der Holzboden knarrte unter unseren Füßen.

Im Wohnzimmer saß ein Paar auf einem gelben Sofa. Auf dem Tisch standen Weingläser und Bierflaschen.

»Das sind Stefan und seine Frau Dagmar.«

Ich schaute vom Gastgeber zum Gast und fragte Dagmars Mann:

»Heißen Sie auch Stefan?«

»Ich ja, er nicht.«

»Wie bitte?«

»Ich bin Stefan, er ist Stephen. F und PH, compreende?«

Ich wollte schon laut sagen: Fuck! Oder sollte ich lieber Phuck mit PH schreien? Zum Schluss schwieg ich mit der Gewissheit, es würde ein langer Abend werden. Am liebsten hätte ich mir eine Ausrede ausgedacht, um die Wohnung gleich verlassen zu können. Ich könnte behaupten, dass ich krank war, dass ich hämorrhagisches Dengue-Fieber habe — sie würden sich zu Tode erschrecken.

Sylvia wollte unbedingt, dass ich neben Dagmar Platz nahm, der Frau von Stefan oder Stefen — der mit dem F. Ich hatte den Überblick schon verloren. Ich setzte mich auf das Sofa, während Nildo sich mit PH unterhielt. Es roch nach Käse und ich hatte Hunger. Dagmar war kleiner und nicht schlank wie Sylvia, was auf einen übermäßigen Konsum von Sachertorte hindeuten könnte.

»Wir konnten nicht warten und haben schon gegessen«, sagte Sylvia, »wir dachten, ihr würdet nicht mehr kommen.«

PH ergänzte:

»Ich habe Sylvia gesagt, dass es nicht deine Art ist, ohne Vorwarnung zu spät aufzutauchen, aber sie argumentierte, dass du jetzt mit einer Brasilianerin verheiratet bist.«

»Ausländer haben andere Sitten, nicht wahr?«

Der einzige Trost war zu wissen, dass F und PH und ihre jeweiligen Ehefrauen nur Bekannte und keine Freunde von Nildo waren. Dieser Abend würde sich bestimmt nicht zu einer regelmäßigen Veranstaltung entwickeln. Sylvia brachte eine Schüssel mit Mini-Brezeln. Ich nahm ein Glas Rotwein entgegen und Nildo trank Mineralwasser, da er der Fahrer war.

»Wie wäre es mit ein wenig Entspannung?«, fragte Sylvia. »Wir können etwas spielen. Es gibt keine bessere Art und Weise sich zu entspannen.«

Nun, ich könnte mehrere Möglichkeiten nennen, wie man sich besser entspannen kann als mit einem Spiel, aber ich hatte keine Zeit, einen Kommentar abzugeben. PH hatte bereits eine Schachtel mit der Aufschrift Tabu auf den Tisch gestellt. Ich trank mein Glas aus.

»Kennen Sie dieses Spiel?«, fragte er in meine Richtung.

Offensichtlich dachte er, dass ich als Ausländerin nicht oft spielen würde. Das tat ich wirklich nicht, aber das hatte nichts damit zu tun, dass ich aus einem anderen Land kam, sondern damit, dass ich Spiele hasse. Jeglicher Art. PH erläuterte das Spiel so, dass F einen Begriff erklären würde und Sylvia und ich mussten den Begriff erraten. Wer den Begriff zuerst erriet, bekäme einen Punkt.

Nildo drückte meine Hand und flüsterte mir ins Ohr.

»Du schaffst das! Du schaffst das!«

Ich fühlte mich, als würde ich gleich in einen Ring steigen, um Sylvia ins Gesicht zu schlagen. Das Bild im Kopf veranlasste mich mehrmals mit entschlossenem Gesichtsausdruck zu nicken.

»Ich schaffe das! Ich schaffe das!«

Erster Begriff: Gerät, das zur Lagerung und Frischhaltung von Lebensmitteln dient.

Ich rief: Kühlschrank.

Sylvia rief: Eiskasten.

Punkt für Sylvia.

Zweiter Begriff: Das, was wir oben auf die Pizza legen, rot, wird für Soßen verwendet.

Ich rief: Tomaten.

Sylvia rief: Paradeiser.

Punkt für Sylvia.

Dritter Begriff: Derjenige, der Verbrecher verhaftet, trägt eine Uniform.

Ich rief: Polizist.

Sylvia rief: Kibera.

Punkt für Sylvia.

Auf der Rückfahrt beschwerte ich mich bei Nildo, wie ungerecht das gewesen sei.

»Ich habe alles richtig beantwortet und ich akzeptiere die Ausrede von PH nicht, dass wir in Wien sind und seine Frau deshalb die Punkte gewonnen hat.«

»Wer ist PH?«, fragte Nildo, während er das Auto steuerte.

Ich ignorierte seine Frage.

»Warum hast du dich nicht beschwert, Nildo?«

»Was hast du selber gesagt? Wichtig ist, dass man Begegnungen feiert und schöne Momente miteinander teilt.«

»Das ist nicht lustig, Nildo.«

Nildo lachte trotzdem.

Der Brief

Tage und Monate vergingen.

Es war mein erster Winter in Österreich und ich spazierte durch die Straßen der Stadt, ohne ein Ziel zu haben. Ich sah die Bäume in Schönbrunn. Sie hatten Äste wie Knochen, die im Wind tanzen, wie verhungerte Menschen, die in den bewölkten Himmel starren. Ich sah die Bäume, aber auf Deutsch konnte ich nicht schildern, welchen Eindruck sie auf mich machten. In meinem Deutsch fehlten den Bäumen nicht nur die Blätter, sondern auch alle Möglichkeit für mich sie zu beschreiben. In meinem Deutsch waren es nur Bäume.

Eines Tages sagte Nildo zu mir: »Erinnerst du dich an unsere nette Nachbarin aus Erlangen? Ich habe gehört, dass sie Krebs hat.«

Er sagte, sie habe Krebs. Ich hörte, sie würde sterben. Weit weg von mir wird sie sterben, allein und krank. Sie wird sterben, mit Schmerzen. Ich ging auf die Toilette und sperrte mich ein. Ich floh vor den Augen meines Mannes, ich floh in der Hoffnung, ich könnte auch meinen Gefühlen entfliehen. Aber das ging nicht. Ich weinte und ich sah meine Nachbarin vor mir. Ohne die weißen Zuckerwatte-Haare, mit Schatten um die Augen herum, mit leiser und zerbrechlicher Stimme.

Ich wollte ihr schreiben. Ich wollte ihr etwas Lustiges erzählen. Aber ich fühlte eine gewisse Leere. Ich fing Briefe an, um sie wieder wegzuwerfen. Ich wollte nicht über das Wetter schreiben, ich wollte etwas komplett anderes. Ich wollte fragen, ob sie jemals ein blaues Kleid hatte, oder welche Art von Nachtisch sie liebte. Ich wollte über meine eigene Kindheit erzählen. Wenn ich traurig war, bin ich immer auf einen Guavebaum in unserem Hinterhof geklettert. Würde sie überhaupt wissen, wie eine Guave aussieht?

Den Sommerurlaub hatten wir am Strand verbracht. Die Nachmittage meiner Kindheit rochen nach Meerwasser und Holzbooten. Die Möwen flogen in den Himmel und ich träumte, dass ich eine Möwe war. Ich wollte meiner Nachbarin alle meine Erinnerungen leihen, und wenn sie der Tod traf, sollte sie nicht in einem Krankenzimmer mit weißen Wänden, sondern am Strand auf der anderen Seite der Welt sein. Auf dem Fensterbrett würde noch Schnee liegen, ihr Körper auf baumwollenem Bettzeug, und sie liefe auf diesem Strand entlang, an dem ich als Kind Muscheln gesammelt hatte. Sie liefe und spränge gegen den Wind und am Horizont färbte die Sonne die Wolken mit orangenen Flecken und die Wellen löschten alle unsere Fußabdrücke, um uns zu erinnern, dass wir auch nicht für ewig hier bleiben würden.

Dann wurde mir klar, dass ich keinen solchen Brief auf Deutsch schreiben konnte. Aber wenn ich ihn nicht schreiben konnte, würde ich ihn erfinden. Ich nahm alle alten Spiegel-Magazine und fing an die Artikel durchzulesen, und wenn ich etwas Schönes fand, schnitt ich es aus. Manchmal ganze Sätze, manchmal nur ein einziges Wort. Es war mir egal, wie lang ich dafür brauchen würde. Ich würde mit aus dem Spiegel ausgeschnittenen und aufgeklebten Worten den schönsten Brief erfinden.

Einen Monat brauchte ich. Einen ganzen Monat und dann war er fertig. Ich brachte ihn zur Post und schickte ihn nach Deutschland. Sie würde sich freuen, ich war ganz sicher.

Wochen später kam der Brief zurück. *Verschlossen.* Ich nahm den Brief aus dem Briefkasten und wollte nicht zur Wohnung zurück. Ich ging die Straße entlang. Ich ging zum Schloss Schönbrunn. Meine Beine bewegten sich ganz automatisch und ich hielt den Brief gegen meine Brust gedrückt. *Verschlossen.* Ich ging die Allee entlang an diesem Winternachmittag. Die schönsten Worte an mein Herz gedrückt. Die Luft fing an kälter zu werden. Ich ging zurück nach Hause mit dem Brief an meinem Körper. *Verschlossen.*

Als ich wieder Zu Hause war, rief ich meine Mutter an.

»*Alô, mãe?*« Es war komisch, aber mir fehlten die Worte.

Konnte das wirklich so sein?

Es war nie so schwierig, in meiner eigenen Sprache etwas zu sagen.

Chris Gomes

Chris Gomes schreibt humorvolle Geschichten. Als sie Rio de Janeiro gegen Erlangen tauschte, erlebte sie einen Kulturschock. Erlangen ist so klein, ruhig und ordentlich im Vergleich zu Rio de Janeiro. Jetzt hat sie sich an das ruhige Leben gewöhnt und plant eine Geschichte mit Erlangen als Tatort zu schreiben

Lass uns verbinden!

Website: www.cgfernandes.com
Instagram& Facebook:
cgfernandes_publishing
LovelyBooks: https://www.lovelybooks.de/autor/Chris-Gomes/

Der brasilianische Mörder

Chris Gomes

Rio de Janeiro. Carlos ist das Gesicht hinter dem lustigen ›brasilianischen Mörder‹ im Internet. Barbara will mit dem brasilianischen Mörder reich werden. Die beiden werden sogar von mysteriösen Österreichern nach Wien eingeladen. Dann findet die Polizei eine Leiche …

Ist Carlos tatsächlich der Täter? Wenn nicht, wer dann?

Kripo Rio de Janeiro: Ein Fall für Delegado Amorim und sein Team.

Printed in Poland
by Amazon Fulfillment
Poland Sp. z o.o., Wrocław

39659211R00052